HISTÓRIAS, LENDAS E CURIOSIDADES DA GASTRONOMIA

HISTÓRIAS, LENDAS E CURIOSIDADES DA GASTRONOMIA

Roberta Malta Saldanha

Editora Senac Rio de Janeiro – Rio de Janeiro – 2013

Histórias, lendas e curiosidades da gastronomia © Roberta Malta Saldanha, 2011.

Direitos desta edição reservados ao Serviço Nacional de Aprendizagem Comercial – Administração Regional do Rio de Janeiro.

Vedada, nos termos da lei, a reprodução total ou parcial deste livro.

SISTEMA FECOMÉRCIO-RJ
SENAC RIO DE JANEIRO

Presidente do Conselho Regional
Orlando Diniz

Diretor-Geral do Senac Rio de Janeiro
Eduardo Diniz

Conselho Editorial
Eduardo Diniz, Ana Paula Alfredo, Marcelo Loureiro, Wilma Freitas, Manuel Vieira e Karine Fajardo

Editora Senac Rio de Janeiro
Rua Pompeu Loureiro, 45/11º andar
Copacabana – Rio de Janeiro
CEP: 22061-000 – RJ
comercial.editora@rj.senac.br
editora@rj.senac.br
www.rj.senac.br/editora

Publisher
Manuel Vieira

Editora
Karine Fajardo

Produção editorial
Camila Simas, Cláudia Amorim, Jacqueline Gutierrez e Roberta Santiago

Copidesque
Shirley Lima

Projeto gráfico
Cria Caso Publicações Customizadas | Mariana Nahoum

Ilustrações
Andrea Ebert

Foto da autora
Marcus Ramos

Impressão
Walprint Gráfica e Editora Ltda.

Reimpressão da 1ª edição: setembro de 2013

CIP-BRASIL. CATALOGAÇÃO-NA-FONTE
SINDICATO NACIONAL DOS EDITORES DE LIVROS, RJ

S154h

Saldanha, Roberta Malta
    Histórias, lendas e curiosidades da gastronomia / Roberta Malta Saldanha. – Rio de Janeiro: Ed. Senac Rio de Janeiro, 2013.
    356p. : il. ; 18cm

    Inclui bibliografia e índice
    ISBN 978-85-7756-098-1

    1. Gastronomia – Miscelânea. I. Título.

11-1341.

CDD: 641.013
CDU: 64.013

*Felipe, Hannah, João e Pedro,
este é para vocês, meus amores,
meus eleitos.*

Cada um usa a história da forma como a sente.
– Friedrich Nietzsche

Sumário

Prefácio — 11
Por Caloca Fernandes

Agradecimentos — 15

Apresentação — 17
Por Breno Lerner

Aves e caças — 20
Azeites — 30
Banquetes — 36
Bebidas — 48
Cafés e chás — 72
Cardápio — 82
Carnes — 116
Cereais e grãos — 122
Comendo fora — 130
Condimentos e temperos — 140
Embutidos — 148
Ervas e especiarias — 154
Frutas frescas e secas — 170

Legumes, verduras e
   cogumelos — 182
Leite e iogurte — 194
Massas — 200
Modos de preparo — 206
Molhos — 212
Outros ingredientes — 224
Ovos — 230
Pães e sanduíches — 234
Peixes e crustáceos — 246
Queijos — 256
Saladas — 264
Sobremesas e doces — 270
Termos culinários — 298
Utensílios de cozinha — 310
Vinagres — 318

Referências bibliográficas — 324

Índice remissivo — 333

Prefácio

Se non é vero...

E eis que Roberta Malta Saldanha me vem com mais um livro. Antes foi o *Dicionário tradutor de gastronomia em seis línguas*, agora é este, de curiosidades gastronômicas.

Bem, posso dizer que gosto de dicionários. Gosto de lê-los à toa, hoje nos zês, amanhã nos bês, um verbete aqui, outro ali. Depois, mudo de autor: do Houaiss vou para o Caldas Aulete, pulo para Cândido de Figueiredo, vou comparando, vendo semelhanças, quem copia quem... Incrível: há verbetes *ipsis literis* copiados de autor para autor! E nunca entendi a ideia de fazer do dicionário de um autor o dicionário oficial do idioma. Quando trabalhei em Portugal e perguntei qual seria o dicionário oficial do país, ninguém me entendeu. "Nós temos cá o do Morais..." e pronto. Cada um tinha seu autor preferido: o Figueiredo, o da Academia das Ciências, o Morais, até o Aurélio ou Houaiss, autores brasileiros. Sem o menor preconceito.

Isso só foi para dizer que dicionário na minha frente é festa na certa.

E festa mais certa ainda é este novo trabalho da Roberta Malta Saldanha. Este não dá nem para pular de um verbete para outro mais adiante. Lê-se como uma novela, um livro de aventuras, de descobertas, de história. É começar e não parar mais até vir um grande vazio, quando nos sentimos abandonados pela conclusão do "**Vinagres**", o último dos capítulos.

Com graça e leveza, Roberta desfila e nos faz descobrir frisos de ordenhadores; espantarmo-nos com puns do diabo; conhecermos príncipes, rainhas, marquesas ou duquesas que batizaram pratos com seus dotes físicos ou sexuais; admirarmos garotas de programa, prostitutas e amantes envolvidas com cremes sensuais; folhados estaladiços, caldas escorregadias; como nos livros infantis, fascinarmo-nos com bolos colossais frequentados em seu interior por nobres e provavelmente muitos penetras que se sentavam em seus bancos de biscoito e **chocolate** preto; ficarmos apiedados das coitadinhas das **ostras**, sem cabeça nem membros, verdadeiras deficientes físicas sem políticos corretos para defendê-las; descobrirmos autores como **Abu Abdallàh Muhammad ibn Idrìs**... Enfim, este livro, além de ter seu lado que poderá ser bastante útil para estudiosos, é delicioso de se ler com ou sem compromisso.

Agora, os fatos podem ser verdadeiros ou não... mas, se não o forem, são bastante divertidos. Comece a ler e tente parar!

Caloca Fernandes

Jornalista e estudioso da gastronomia patrimonial brasileira

Agradecimentos

Aos meus irmãos, Júnior, por me ensinar o caminho da persistência, da determinação e, sobretudo, da humildade; e Henrique, por esse sorriso e esse olhar de soslaio, que tanto me confortam e encorajam.

À Cyrla, minha boa ouvinte, em nossos breves — brevíssimos — cafés da manhã paulistanos.

Ao Breno Lerner; poucos partilham seu conhecimento com tanto desprendimento, prazer e entusiasmo.

Ao Caloca Fernandes, "baiano" querido, que sabe tudo da culinária deste nosso Brasil.

Ao Alberto Schprejer, pelo incentivo desde a leitura do primeiro rascunho.

Ao Ricardo Vieira de Moraes, por ceder gentilmente material imprescindível para a pesquisa de conteúdo.

À Maria Beatriz Dal Pont, por ajudar a viabilizá-lo.

À Elvira Cardoso, pela confiança em nossa parceria.

À Karine Fajardo, pela atenção e pelo carinho na execução deste projeto.

Ao Flavio Caetano Grottera, in memoriam, por abrir caminho, por acreditar, por tudo que fez pelo meu trabalho.

E às minhas estrelas da vida inteira, Eugenio, Mikee e Chulezinho.

Apresentação

A curiosidade matou o gato, diz o antigo refrão, mas impulsionou o homem a buscar novas fronteiras.

Toda história humana passa, em algum momento, pela cozinha, e este bicho curioso, o homem, a todo momento a fuçar e procurar novos ingredientes e temperos, acabou por dar voltas ao mundo, descobrir novas terras e novos continentes, guerrear por um punhado de pimenta ou invadir um país por uma plantação de chá.

Muitas das histórias e lendas sobre culinária e seus ingredientes têm diferentes versões, todas de garantida fonte de procedência, todas verídicas e comprovadas, o que dificulta muito o estudo e a organização de um trabalho histórico.

Roberta Malta Saldanha nos brinda com um verdadeiro almanaque de boas e rápidas informações, apuradas em fontes confiáveis e apresentadas sob a forma de verbetes rápidos e de gostosa leitura.

Foi um prazer receber os originais e lê-los "de enfiada", sem tomar fôlego, de cabo a rabo. Aquela boa e velha curiosidade é despertada pelas informações oferecidas por Roberta, e tenho a certeza de que cada leitor, como eu, seguirá pesquisando e procurando mais informações sobre um ou outro item. E este é o grande mérito do trabalho de Roberta: convidar-nos a continuar procurando, por meio da insaciável curiosidade humana, mais informações sobre esse curioso caso de amor entre o homem e sua cozinha.

Por meio da leitura de *Histórias, lendas e curiosidades da gastronomia*, vamos descobrir, na história do Monte Testaccio, que o problema com o descarte de vasilhames é bem mais antigo do que se imagina, ou a curiosa relação entre o filtro de café e o extinto mata-borrões, ou ainda as inúmeras versões sobre a criação da maionese.

Lendas como a relação do tortellini com o umbigo da deusa Vênus ou a descoberta do café por um monge levam-nos a viajar pelo tempo, mundo afora.

Histórias como a do cachorro-quente ou do pêssego Melba nos ajudam a entender melhor seus curiosos nomes e o momento histórico em que apareceram.

Este livro relata histórias sobre a curiosidade humana na área da gastronomia, curiosidade que moveu o motor da economia mundial do século XV ao século XIX e hoje movimenta bilhões de dólares em uma das áreas que mais têm crescido neste século XXI.

Espero que você se divirta e sacie sua curiosidade, assim como eu me diverti ao ler este livro.

Breno Lerner

Escritor e pesquisador da história da culinária

Aves e caças

O avestruz, a maior das aves que vivem no planeta hoje, é originária da África do Sul. Para a surpresa de muitos, embora seja uma ave, produz uma carne avermelhada e irrigada, muito macia, saborosa e saudável. Tem 66% menos gorduras (lipídios) que a carne bovina e três vezes menos colesterol que os cortes de frango e peru. A sobrecoxa é uma das partes mais saborosas. Um ovo de avestruz pesa aproximadamente 1,8kg e, com ele, prepara-se uma omelete para 14 pessoas.

O faisão é uma ave originária provavelmente da China, levada para a Europa na Idade Média. Para que sua carne fique mais tenra e saborosa, o faisão, depois de morto, limpo e eviscerado, precisa ficar suspenso pelo pescoço por quatro dias se for verão, ou por 12 dias se for inverno, em um ambiente fresco e arejado. Só estará pronto para assar quando uma pena de sua cauda puder ser retirada facilmente ao ser puxada. Essa técnica de amaciamento é chamada de *faisandage* pelos franceses. Uma das receitas mais famosas para o preparo de faisão é o faisan suvarov, criação de Curnonsky (1872-1956), o "Príncipe dos Gastrônomos", em honra ao general russo Aleksander Suvarov (1729-1800), que visitou a França no século XVIII. É elaborada com um faisão sem pele e desossado, temperado com sal, pimenta, trufas e manteiga, acrescido de foie gras, recoberto com massa de brioche e, em seguida, levado ao forno para assar.

O frango caipira anda solto na natureza e não tem uma alimentação especial. Carlos V (1500-1558), rei de Espanha, o soberano que destronou Montezuma, comia um frango inteiro, cozido no leite e temperado com açúcar e especiarias, no café da manhã. D. João VI (1767-1826) saboreava seis frangos diariamente: três no almoço e três no jantar. O frango de granja é criado confinado e come basicamente milho, soja e uma mistura de sais minerais, vitaminas, promotores de crescimento e hormônios artificiais, para que engorde em sete semanas.

O **frango capão**, de carne saborosa e delicada, deve sua origem a um dorminhoco da Roma Antiga. Irritado com o barulho que os galos faziam de madrugada, **Caio Cânio**, cônsul romano nascido em 19 a.C., conseguiu que o Senado romano aprovasse uma lei proibindo a presença dessas aves dentro do perímetro da cidade. Os criadores, para contornar a lei, logo arrumaram uma solução: castrar os galos. Mal sabiam que a ave capada não só deixa de cantar, como passa a comer compulsivamente e engordar muito. Chega a pesar 2,5kg com 7 meses de vida e, ao ser abatida, mostra-se uma iguaria deliciosa.

Segundo os historiadores, coube à **galinha** a honra de ser um dos primeiros animais domésticos a chegar ao novo continente, trazida por **Pedro Álvares Cabral** (1468-1520), na viagem de descobrimento do Brasil. Foi mencionada na célebre carta em que **Pero Vaz de Caminha** (1450-1500), escrivão da armada cabralina, narrava as novidades da região ao rei **D. Manuel** (1469-1521). Escreveu Caminha, após a visita de alguns aborígenes à nau, na noite de 24 de abril de 1500:

> Mostraram-lhes um papagaio pardo que o capitão traz consigo. Tomaram-no logo na mão e acenaram para a terra, como quem diz que os havia ali. Mostraram-lhes um carneiro, não fizeram caso. Mostraram-lhes uma galinha, quase tiveram medo dela, não lhe queriam pôr a mão, e depois a tomaram como que espantados.

Também foi a primeira ave alvo de um decreto. O Marquês de **Pombal** (1699-1782) ordenou que a carne dessa ave fosse a base da alimentação dos enfermos internados nos hospitais do reino, no século XVIII. "Os enfermos e febricitantes devem sustentar-se em mantimentos tênues e de digestão fácil", explicava o decreto do ministro de **D. José I** (1714–1777). Originária do continente asiático, a galinha é a ave já adulta, com mais de 7 meses e pesando por volta de 1,5kg. Existem inúmeras variedades, denominadas de acordo com sua idade e seu peso. O marquês de **Cussy** (1766–1837), advogado, gastrônomo e intendente do palácio sob o império de **Napoleão Bonaparte** (1769–1821) e **Luís XVIII** (1755–1824), criou 366 receitas de pratos de galinha, tamanho seu apreço pela ave.

Graças aos caprichos de um garotinho fissurado em peito e coxas de galinha, a Fazenda Morro Azul, em Limeira, no interior de São Paulo, foi berço do nascimento da **coxinha de galinha**. Filho da princesa **Isabel** (1846–1921) e do conde **d'Eu** (1842–1922), foi criado isolado nessa fazenda, longe da corte, porque era considerado deficiente mental. A história conta que, certo dia, ao perceber que não havia peito e coxas suficientes para o almoço e prevendo a gritaria do menino pela falta de sua comida predileta, a cozinheira da fazenda resolveu desfiar as demais partes e moldá-las em uma massa à base de farinha e batata. O garotinho adorou. Curiosa sobre a iguaria que tanto encantara seu neto, a imperatriz **Tereza Cristina** (1822–1889), em visita à fazenda, quis experimentar. Gostou tanto que solicitou que o modo de preparo fosse fornecido ao mestre da cozinha imperial. Assim, a coxinha de galinha foi introduzida na corte e conquistou os salões da realeza brasileira. Fato curioso, sem dúvida, mas de difícil confirmação histórica.

Iguaria proibida na França, a hortulana fez parte do cardápio da última ceia de Ano-Novo do presidente socialista francês François Mitterrand (1916-1996). Pequeno pássaro europeu em vias de extinção, a técnica de preparo dessa ave é uma crueldade. Depois de capturada, é colocada em uma caixa escura – há quem cegue o bichinho –, onde recebe uma alimentação forçada de sementes. Quando alcança o peso adequado, é afogada em conhaque, antes de ser sacrificada e decapitada. Assada em sua própria gordura, ao ser servida, é coberta por um guardanapo. A delicadeza desse pássaro permite que seja "degustado" inteiro. Naquela noite, Mitterrand serviu-se de duas peças. Morreu uma semana depois.

A carne de javali é considerada a melhor das carnes exóticas, além de ser extremamente saudável. É uma carne magra, pouco calórica (85% menos calorias que a carne de boi), rica em proteínas e com um índice de colesterol próximo a zero. O javali chegou ao Brasil em 1950, depois de passar pela Argentina e pelo Uruguai. No Brasil, existem cerca de trezentos criadores legais, fiscalizados pelo Instituto Brasileiro do Meio Ambiente e dos Recursos Naturais Renováveis (Ibama), que produzem 10t de carne (algo em torno de quinhentos animais abatidos).

No Tour d'Argent, restaurante que existe desde 1582, classificado como o mais antigo de Paris, comeram Carlos IV (1748-1819) – ali, o rei usou garfos pela primeira vez na vida –, Henri IV, o cardeal Richelieu (1585-1642), que recepcionou seus convidados servindo café pela primeira vez na Europa, Philippe d'Orleans (1640-1701), sempre acompanhado das beldades mais célebres da época, Winston Churchill (1874-1965), Salvador

Dalí (1904-1989), Mikhail Gorbachev, John Kennedy (1917-1963), Charlie Chaplin (1889-1977) e mais um sem--número de celebridades. A partir de 1890, o tradicional prato *caneton Tour d'Argent*, também chamado de *canard à la presse* – depois de retiradas as asas, as coxas e a pele do pato, a carcaça entra em um espremedor de estanho, do qual sai todo o sangue que é usado para fazer o molho –, criação de Frédéric Delair, passou a ser numerado, e a contagem já ultrapassa a casa do milhão. Cada comensal recebe um cartão com o número do seu para levar de lembrança. O príncipe de Gales – depois rei Eduardo VII (1841-1910) – degustou, em 1890, o número 328. O pato nº 40.312 foi apreciado pelo rei Alphonso XIII (1886-1941), em 1914. O de nº 53.211, pelo imperador Hiro Hito (1901-1989), em 1921. Theodore Roosevelt (1858-1919) comeu o de nº 112.151, em 1930. O nº 147.844 corresponde ao pato do duque de Windsor (1894-1972), o de nº 185.397, à princesa Elizabeth; e o de nº 496.516 a também princesa Grace de Mônaco. Durante a guerra, quando Paris foi ocupada, foram servidos mais de 37 mil patos "anônimos". Mick Jagger comeu o de nº 531.147, o jogador Ronaldo Fenômeno provou o de nº 908.683.

Dizer que o peru, esse grande galináceo, morre de medo de chapéu parece piada, mas não é. Experimente jogar um chapéu em sua direção. Foge apavorado, contam os criadores. "Galinhas grandes como pavões." Assim, o conquistador Hernan Cortez (1485-1547) definiu o peru em carta ao rei espanhol Carlos V. Ave proveniente das Índias Ocidentais, designação europeia para o Novo Mundo, chegou à França pelas mãos de padres jesuítas vindos da Espanha –

motivo pelo qual ficou também conhecido pelo nome de *jésuite* –, onde foi denominado *coq d'Inde*, depois *dindon* e, por fim, *dinde*. Na Inglaterra, veio na bagagem dos mercadores turcos em 1520 e daí se difundiu por toda a Europa. Os ingleses, acreditando provir do Oriente, chamaram-no *turkey bird* e, mais tarde, *turkey*. Italianos chamaram-no *gallo d'India*, além de *dindo* e *tacchino*, termo mais usado. Acostumados a comer cegonhas, garças, pavões e cisnes, os europeus ficaram maravilhados com a descoberta, que tinha uma carne saborosa e ovos deliciosos. Oferecido a Catarina de Médici (1519-1589), rainha da França, em 1549, em um banquete no bispado de Paris, logo se tornou prato obrigatório em eventos e comemorações importantes. O peru também está de tal forma ligado à história americana – os primeiros colonizadores, ao chegarem à América do Norte, ali encontraram essa ave em grande quantidade – que Benjamin Franklin (1706-1790), um dos fundadores da democracia dos Estados Unidos, achava que o símbolo do país devia ser o peru, e não a águia.

Azeites

A oliveira e a videira foram as primeiras plantas a serem cultivadas. São tão antigas quanto a História da civilização. Contam os gregos que, na disputa pelo nome das terras do que é hoje a cidade de Atenas, o deus **Poseidon** fez brotar de uma rocha, com um golpe de seu tridente, um belo, ágil e forte cavalo, e que a deusa **Palas Atena** trouxe a oliveira, uma árvore imponente de folhas sempre verdes, para produzir óleo, a fim de iluminar a noite, suavizar a dor dos feridos e ser um alimento precioso, rico em sabor e energia. **Zeus** declara a deusa vencedora, alegando que o cavalo é para a guerra, ao passo que a oliveira representa a paz. A mais antiga referência à oliveira encontra-se em um papiro egípcio do século XII a.C., no qual o faraó **Ramsés III** (1220 a.C.-1163 a.C.) oferta os olivais existentes ao redor da cidade de Heliópolis ao deus-Sol: "Destas árvores, pode ser extraído o óleo mais puro para manter acesas as lâmpadas de teu santuário." Os egípcios consideravam o **azeite** uma dádiva dos deuses, os hebreus utilizavam para "ungir" o seu rei, fenícios e gregos construíram navios especiais para o transporte de grandes ânforas, e os romanos se especializaram em seu armazenamento e distribuição. Na Roma dos Césares, o azeite chegou a ser cotado nas bolsas de *commodities* locais, que tinham, para ele, um departamento específico, denominado arca olearia. Com a decadência do Império Romano, o **azeite de oliva** passou a ser produzido apenas em conventos.

Contudo, já no século XII, a Toscana tornara-se um centro de produção muito importante, enquanto Gênova e Veneza firmaram-se como centros de distribuição do azeite vindo de Corinto, Provença, Espanha e norte da África. A origem do nome em hebreu, zait, passou para o árabe como zaitun. De az-zait, que significa suco de oliva em árabe, deriva a palavra azeite. O azeite de oliva é o mais nobre e saudável óleo vegetal comestível. Imprescindível em uma boa cozinha, sua classificação é feita por meio de exames químicos que avaliam seu nível de acidez. Quanto mais baixo ele for, melhor o produto. A União Europeia classifica azeites de oliva da seguinte maneira: azeite extravirgem: verde-escuro, provém da primeira e única extração das olivas – a chamada prensagem a frio – e apresenta, no máximo, 0,8% de acidez; azeite de oliva virgem: entre amarelo-escuro e verde-médio, provém de duas prensagens e seu grau de acidez fica entre 0,8% e 2%; azeite de oliva: resultante da mistura do óleo virgem de oliva e do óleo de oliva refinado, com um nível de acidez que não pode ultrapassar 1%; azeite de oliva virgem lampante: com acidez superior a 2%, destina-se exclusivamente a uso industrial na mistura com outros azeites de oliva; azeite refinado: não é vendido aos consumidores e destina-se exclusivamente à utilização industrial.

O **Monte Testaccio**, com cerca de 36m de altura, foi criado aproximadamente entre 140 a.C. e 250 d.C., por milhões de fragmentos de *testae* (razão de seu nome, Testaccio), pedaços de ânforas principalmente oriundas da província Bética, no sudoeste da Espanha, que serviram para transportar azeite importado de além-mar por Roma. Cada ânfora contém dados precisos do nome do comerciante, peso, conteúdo, região de origem e ano de expedição. É uma das muitas atrações turísticas da Cidade Eterna.

Em meados do século XVII, as naus portuguesas transportavam mercadorias entre a Coroa e as colônias das Américas e da África para o Brasil. Da costa africana, vieram o inhame, a **erva-doce**, a **melancia** e também uma planta que se adaptou rapidamente ao nosso ambiente e se espalhou por todo o nordeste brasileiro: o dendezeiro ou coqueiro do **dendê**. A planta já era antiga conhecida dos negros africanos, que, da seiva da palmeira, faziam o **vinho** de palma, e da amêndoa, o xoxô, óleo para amaciar o cabelo. Na culinária, as mucamas que trabalhavam na cozinha dos senhores de engenho não dispensavam o dendê em suas **iguarias**. Tiveram apenas de adaptar, ao paladar dos senhores, as preparações com pitadas africanas. O óleo de alta qualidade, refinado, transparente e livre de impurezas, é conhecido por **flor de dendê**, **azeite de flor** ou **dendê de flor**. "Passou a ser chamado de **azeite de dendê** por influencia do seu 'irmão' português", ensina **Caloca Fernandes**. É primordial no **preparo** dos chamados pratos de azeite: **vatapá**, **acarajé**, moquecas, farofa de dendê, **bobó de camarão**, xinxim de **galinha**, **abará**, **caruru**, peixadas e caldeiradas. O óleo tem 21 vezes mais vitamina A que a laranja e é fonte natural de vitamina E.

Banquetes

Foi o rei Henrique VIII (1491-1547) da Inglaterra quem estabeleceu uma estranha e extravagante legislação sobre banquetes para tentar frear os gastos excessivos de seus consortes. A quantidade de pratos servidos deveria ser definida, de acordo com a hierarquia social dos comensais. Presente um cardeal, seriam servidos nove pratos; um lorde do Parlamento, seis; um cidadão com renda anual de £500, apenas um prato.

A Última Ceia, também chamada Santa Ceia, foi celebrada no 14º dia do mês de Nizan, provavelmente do ano 30 d.C., em Jerusalém. Os apóstolos Pedro e João foram encarregados, por Jesus, dos preparativos. O que teriam comido? "O que se supõe é que, se eles estavam realizando a ceia pascal judaica, haveria pão, cordeiro, vinho e ervas amargas", afirma Henrique Carneiro, historiador da Universidade de São Paulo (USP). Carne de cordeiro, característica das comemorações hebraicas; o pão ázimo, sem fermento "porque o povo judeu, ao fugir do Egito, não conseguiu fermentar os seus alimentos", explica Ricardo Berkiensztat, vice-presidente da Federação Israelita do Estado de São Paulo (Fisesp); e ervas amargas, "para ele lembrar o amargor da vida dos escravos naquela região, no Egito", conclui Ricardo.

Umas das passagens mais engraçadas da peça *Satyricon*, de Petrônio (27-66), que retrata os excessos da Roma Imperial do século I, é o banquete de Trimálquio. Começa com a entrada de uma enorme travessa em formato que imitava o globo, ilustrado com a reprodução dos 12 signos do zodíaco, e o requinte de cada signo estar recoberto por uma comida a ele relacionada: grão-de-bico sobre Áries; carne de boi sobre Touro; rins e testículos sobre Gêmeos; uma coroa de flores sobre Câncer; figos africanos sobre Leão; a vulva de uma porca sobre Virgem; uma balança com uma torta

em um dos pratos e um pastel no outro, sobre Libra; um peixe sobre Escorpião; um caracol sobre Sagitário; uma lagosta sobre Capricórnio; tainhas sobre Aquário; dois pescados sobre Peixes. Na sequência, a chegada de um javali servido inteiro, antecedido por cães batedores com gorros na cabeça e cestinhas com tâmaras pendendo de suas presas, ladeado de tortas na forma de pequenos javalis. Trimálquio chama o cozinheiro, que desfere um golpe no ventre do bicho, e de lá saem voando tordos vivos. Um êxtase! A comilança continua. São servidos pequenos esquilos mergulhados em mel, ovos feitos de massa recheados com pintos vivos, tetas de porcas e vinho, muito vinho, para homenagear Baco, o deus dessa bebida.

O imperador romano pós-Cristo Varius Avitus Bassianus, conhecido como Heliogábalo (204-222), foi um tirano na linha de Nero (37-68) e Calígula (12-41), e cometeu inúmeras extravagâncias à mesa. Em um dos muitos banquetes que promoveu, serviu a seus seiscentos convidados ervilhas misturadas com grãos de ouro, lentilhas com pedras preciosas, feijões enfeitados com âmbar e peixe com pérolas. Em outro, mandou abater mais de mil flamingos, para deles só extrair a língua, que deveria ser oferecida a seus convivas. Dizem ter criado um prato com seiscentas cabeças de avestruz. Heliogábalo apreciava lírios, narcisos, rosas e violetas. Muitas vezes, de madrugada, após um régio banquete, uma chuva de pétalas de rosas e violetas caía sobre seus convidados. Alguns, já bêbados, morriam asfixiados. Deliciava-se com pétalas de violetas tostadas com rodelas de laranja e limão. Costumava mandar encher as banheiras públicas com água de rosas e, em seu palácio, algumas salas eram decoradas com tapetes de flores. Ao mesmo tempo em que distribuía *absinthiatum*, a famosa "fada verde" dos dias de hoje, ao povo, alimentava seus cães e leões com faisões, pavões e fígados de ganso. Isso mesmo, foie gras.

No ano de 1342, o monge beneditino Pierre Roger de Beaufort (1291-1352), conselheiro do rei da França, foi feito papa aos 51 anos. No banquete de coroação de Clemente VI (1291-1352) (nome com o qual governou), celebrado no palácio papal de Avignon, na França, foram servidos 7.048 frangos, 3.043 galinhas, 1.146 gansos, 1.500 galos, 1.023 carneiros, 300 lúcios, 15 esturjões, 914 cabritos, 118 bois, 101 vitelos, 60 porcos e 50 mil tortas de sobremesa, "em cuja elaboração utilizaram 3.250 dúzias de ovos e 36.100 maçãs", relata o jornalista Dias Lopes. Os convidados também puderam bebericar de uma fonte da qual jorravam cinco tipos diferentes de vinho.

Romancista e dramaturgo francês, cozinheiro criativo e anfitrião de mão cheia, Alexandre Dumas (1802-1870) certo dia acordou inspirado e resolveu alugar um apartamento na praça d'Orleans para promover um banquete seguido de baile à fantasia para os seus amigos. Sem dinheiro para tanto, usou de muita lábia e esperteza para realizá-lo. Valendo-se de seus conhecimentos na corte do rei Louis Phillipe I (1773-1850), conseguiu permissão para caçar nos bosques de Ferté-Vidame. Recrutou dois amigos que deviam entender do assunto, pois voltaram com nove cervos e três lebres. O menu ficou a cargo do *traiteur* Civet, que preparou, além das caças, um esturjão de 20kg, um régio salmão, uma galantina enorme e um patê gigantesco. Para beber, trezentas garrafas de champanhe e outras trezentas de vinhos de Bordeaux obtidas dos produtores interessados em divulgar suas marcas para a nata parisiense que estaria presente. Para animar o baile, duas orquestras tocaram de graça. Dumas homenageou o pintor Tiziano, em sua fantasia. Gioacchino Rossini (1792-1868) compareceu vestido de "Barbeiro de Sevilha". As atrizes vieram com os trajes que usavam nas peças do anfitrião. A festança varou a madrugada.

Foi no Café Anglais, em 7 de junho de 1867, que se realizou o famoso Jantar dos três imperadores. À mesa, o czar Alexandre II da Rússia (1818-1881), seu filho Alexandre, futuro czar Alexandre III, Guilherme I (1797-1888) da Prússia – mais tarde, o primeiro imperador da Alemanha – e seu chanceler Otto von Bismarck (1815-1898), que estavam em visita à Exposição Universal de Paris daquele ano. O cardápio ficou a cargo de Adolphe Dugléré (1805-1884), apelidado de "O Mozart dos fogões", discípulo de Antonin Carême (1784-1833) e ex-chef dos Rothschild. Foram servidos *soufflé à la reine, filets de sole a la venitienne*, escalope de *turbot au gratin, selle de mouton purée bretonne, poulet a la portugaise, pâté chaud de cailles e homards à la parisienne, cannetons a la rouennaise, ortolans sur canapé, aubergines à l'espagnole, asperges em branches, cassolete princesse e bombe glacée.* Para beber, *jerez retour de i'inde madiera* 1821, Château d'Yquem 1847, Château Margaux 1847, chambertin 1846, Château Latour 1847 e Château Lafite 1848. Um jantar dos deuses para qualquer pobre mortal, mas não para o czar Alexandre II, que saiu do restaurante reclamando que tinha vindo ao melhor restaurante de Paris e não experimentara sequer um pedacinho do famoso foie gras.

Cabeça de jumento recheada, salada de canguru, lobo em salsa de veado, costeletas de urso assadas ao molho de pimenta, gato com acompanhamento de ratazanas, *consommé* de elefante, camelo assado à inglesa e *terrine* de antílope com trufas foram as iguarias preparadas e servidas na ceia de Natal do restaurante Voisin, de propriedade de Monsieur Bellanger, em 1870. Estando Paris sitiada pelas tropas prussianas, o zoológico do Jardin des Plantes, não tendo mais condições de alimentar seus animais, acabou por vendê-los a vários restaurantes que os serviram nas festas de final de ano.

Fez história o baile promovido em 9 de novembro de 1889 pelo visconde de Ouro Preto (1836-1912), no Palácio da Ilha Fiscal, na Baía de Guanabara, em homenagem aos tripulantes do cruzador chileno almirante Cochrane, atracado no Rio de Janeiro. Na verdade, o baile era mesmo para comemorar as bodas de prata da princesa Isabel (1846-1921) e do conde d'Eu (1842-1922), com o intuito de provar que a monarquia de D. Pedro II (1825-1891) continuava muito bem, ao contrário do que apregoavam os republicanos. Para o famoso baile da Ilha Fiscal, foram convocados 48 cozinheiros, 60 ajudantes, 150 copeiros, 60 trinchadores e mais de 200 serviçais de limpeza. Foram armadas mesas em forma de ferradura, com 250 talheres cada uma. Calcula-se que foram utilizados como ingredientes: 400 saladas diferentes; 200 maioneses; 3 mil sopas; 25 cabeças de porco; 50 peixes grandes; 64 faisões; 80 perus; 250 galinhas; 300 frangos; 12 cabritos; 800 lagostas; 800kg de camarão; 500 tigelas de ostras; 100 latas de salmão; 3.500 peças de caça miúda; 80 marrecos; 50 macucos; 3 mil latas de ervilhas; 1.200 latas de aspargos; 800 latas de trufas; 300 peças de presunto; 10 mil sanduíches diversos; 600 gelatinas; 300 pudins; 800 pratos de pastelaria; 400 doces de fios de ovos; 12 mil sorvetes; 50 mil quilos de frutas. Para beber: 10 mil litros de cerveja; 188 caixas de vinhos diversos; 80 caixas de champanhe; 10 caixas de vermute francês e italiano; 16 caixas de licores e conhaques; 100 caixas de água mineral. Foram distribuídos 2 mil convites, mas calcula-se que tenham comparecido perto de 5 mil pessoas que foram recepcionadas por moças vestidas de fadas e sereias. Seis dias depois do famoso rega-bofe, que custou aos cofres públicos cerca de 250 contos de réis – cerca de R$ 14 milhões –, o marechal Deodoro da Fonseca (1827-1892) proclamou a República.

Volta ao mundo ao redor de alguns cardápios de ceia de Natal: *los hermanos* argentinos se reúnem para saborear *peceto* (corte nobre de carne) e peru; e no Brasil, tender, pernil de porco, peru, chester, bacalhau e inúmeros acompanhamentos. Jamaicanos servem cabrito ensopado ao curry, rabada e ervilhas do Gongo. Na mesa americana, peru e *pumpkin pie* (torta de abóbora). Na Groelândia, preparam *auks* (pequeno pássaro) envolto em pele de foca e enterrado até se decompor. Noruegueses saboreiam *pinnekjott* (costeletas de cordeiro salgadas) acompanhado de batata cozida e purê de couve-rábano, e *lutefisk* (peixe branco seco, geralmente bacalhau, preparado com soda cáustica). Suecos se divertem com uma série de pequenos pratos que incluem salmão, batatas, frutos do mar, ostra, picles, cebolas, carnes, peixes, ovos, pães e queijos. Esse conjunto de pequenos pratos dispostos em uma mesa, cada um com um petisco diferente, chama-se s*mörgåsbord*. As ceias ucranianas, russas e polonesas apresentam algumas similaridades. São compostas por 12 diferentes pratos para simbolizar os 12 apóstolos, e um grande pão oval para representar Cristo, como a luz do mundo. Entre os pratos dos ucranianos, no dia da ceia natalina, estão os peixes, as frutas secas e a famosa sopa de beterraba. Nesse dia, à mesa do russo religioso, não pode faltar *kutya*, um tipo de mingau feito de grãos de trigo cozido, preparado com nozes, castanhas e mel. Poloneses, assim como os russos, abrem mão da carne e comem peixes, sopa de cogumelo, doces de mel e torta de semente de papoula. Na Alemanha, os católicos celebram o *Christkind* (Menino Jesus) servindo ganso assado acompanhado de batatas, repolho e picles. Para a sobremesa, o delicioso *stolles*, bolo de massa densa e frutas secas. Ingleses apreciam peru assado com molho de *cranberry*, couve-de-bruxelas ao vapor e batatas assadas, seguido do tradicional pudim de Natal, elaborado com frutas secas e especiarias. Na França, não pode faltar foie gras, inúmeros queijos, peru com castanhas e o tradicional *büche Nöel* (rocambole recheado com castanha portuguesa, coberto com creme amanteigado e creme de chocolate). Na *cenome* italiana, peru, cordeiro, variadas pastas e panetone com certeza. A *Nochebuena* espanhola vem repleta de frutos do mar, paella e turrões de *alicante*, doce típico do Natal, à base de amêndoas. Os patrícios comemoram com bacalhau, rabanada e bolo de reis. Etíopes celebram o Natal em 7 de janeiro, porque são baseados no calendário copta. Comem *doro wat* (ensopado de galinha bem picante) e *injera* (pão típico feito com grãos). Em Goa, que tem uma das maiores populações cristãs da Índia, as pessoas celebram o Natal com *sorpatel* (carne, fígado, rins, coração e língua de porco com curry) ou porco *vindaloo* (porco marinado com especiarias locais) com arroz *basmati* e *sanna* (tipo de pão elaborado com arroz e leite de coco). Japoneses preferem frango frito e pizza, no melhor estilo fast-food. Ninguém merece!

Nicolas Fouquet (1615-1680) era um nobre francês, rico, inteligente, ambicioso e vaidoso, protegido do cardeal Mazarino (1602-1661), tutor de Luís XIV (1638-1715). Ao se tornar o todo--poderoso superintendente das finanças da França, Fouquet restabeleceu a credibilidade dos recursos financeiros do reino e, gozando de privilégios econômicos, multiplicou sua fortuna tornando-se um dos homens mais ricos do país. Vaux-de-Vicomte é um magnífico castelo a cerca de 50km a sudeste de Paris, construído à custa de Fouquet ao longo de cinco anos por 18 mil operários comandados pelo arquiteto Louis Le Van (1612-1670), o paisagista Andre Le Notre (1613-1700) e o pintor Charles Le Brun (1619-1690). Ao término da construção de seu castelo, resolveu organizar uma festa suntuosa para recepcionar o rei e sua corte. Luís XIV, então com 23 anos, chegou à festa com sua mãe, a rainha Ana da Áustria (1601-1666), e aproximadamente seiscentos nobres. Acompanhados por Fouquet, andaram pelos 3km de jardins da propriedade com incontáveis canteiros de flores, obra do paisagista Le Notre, conhecendo seus lagos e suas magníficas fontes. Ao final da caminhada, foram presenteados com um banquete executado pelo famoso *maître d'hotel* François Vatel (1635–1671), composto por travessas de manjares, bandejas de carnes de caça, jarras de vinho, de espumantes, de sucos e licores; pães quentes, cestas de frutas e potes de doces em calda. Ainda para entretê-los, o comediante Molière representou *Las fâcheu*s, uma comédia-balé, enquanto aguardavam um sensacional sorteio de diamantes para as damas e armas para os cavalheiros. Após o sorteio, houve queima de fogos de artifício, que custou a bagatela de 16 mil francos. Esse excesso de luxo foi motivo de ciúmes, inveja e vingança do rei Luís XIV que, furioso, recusou-se a pernoitar no castelo. Semanas mais tarde, no dia 5 de setembro de 1661, a mando do Rei Sol, o mosqueteiro d'Artagnan surpreendeu Fouquet com uma ordem de prisão perpétua. Com Fouquet preso, Luís XIV decidiu construir o palácio de Versailles pelas mãos dos mesmos técnicos e artistas que haviam construído o Château de Vaux le Vicomte. Despojado de grande parte de seu acervo pelo rei, o castelo foi salvo da demolição, em 1875, por um rico industrial, Alfred Sommelier, que dedicou sua vida à restauração desse patrimônio aberto ao público até hoje.

Bebidas

De tão amargo, o **absinto** é citado na Sagrada Escritura como símbolo das dificuldades e tristezas da vida. Também conhecido como losna, que, traduzido do grego, significa "privado de doçura", seu sabor é extremamente desagradável. O absinto é o ingrediente principal da lendária bebida com o mesmo nome, criada em 1792, pelo médico e monarquista francês **Pierre Ordinaire** (1741-1821), na Suíça. Inicialmente, Ordinaire utilizou a planta *Artemisia absinthium* para fabricar uma poção digestiva. Poucos anos depois, adicionou álcool à fórmula para potencializar seus efeitos. **Aguardente** fortíssima (60% a 80% de teor alcoólico), por causa de seus efeitos alucinógenos e sua cor esverdeada, os mais entusiasmados apelidaram-na de "fada verde" (The green fairy, em inglês). Cultuada por pintores e escritores da Belle Époque, como **Degas** (1834-1917), **Maignain** (1601-1676), **Picasso** (1881-1973),

Toulouse-Lautrec (1864-1901), **Van Gogh** (1853-1890) e **Paul Verlaine** (1844-1896), essa bebida foi proibida na França e nos Estados Unidos. Atualmente já existe uma versão do absinto que não leva artemísia em sua composição e é permitida em todo o mundo.

Embora tenha sido descoberta pelos gregos, que preferiam usá-la para tomar banho, foram os romanos os primeiros a consumir **água mineral** regularmente e descobrir suas propriedades terapêuticas. Para que pudessem distribuí-la a toda a população, os romanos construíram imensos aquedutos que chegavam a transportar 13m^3 de água por segundo.

O que confere à água propriedades e sabores distintos, criando diferentes *blends*, é sua origem, seu percurso geográfico e o tipo de solo por onde passa e se mantém. Algumas águas minerais:

♦ **10 Thousand BC**, proveniente de geleiras no Canadá, com idade estimada de 10 mil anos, o que explica a origem do seu nome.

♦ **420 Volcanic** é extraída do fundo de um extinto vulcão da Nova Zelândia.

♦ **Belu** é filtrada direto das camadas de rochas antigas das colinas de Shropshire. Recentemente, a empresa que detém a marca lançou uma garrafa biodegradável, à base de **milho**, que se decompõe por completo no espaço de seis meses.

♦ **Bling H$_2$O** é engarrafada de fontes naturais em Dandridge, Tenn, e passa por um processo de purificação de nove etapas que inclui ozônio, ultravioleta e microfiltragem. A embalagem de 750ml cravejada de cristais Swarovski é vedada como garrafa de **vinho** e custa €50.

♦ **Cloud Juice**, tal como o nome indica, é pura água da chuva. Um litro de Cloud Juice contém cerca de 9 mil gotas de chuva caídas de nuvens que viajaram 11 mil quilômetros desde o grande mar do sul até as Ihas King, entre a Tasmânia e a costa sul da Austrália. As Ilhas King têm o ar e a água de chuva mais puros do mundo. Uma garrafa de 750ml custa cerca de €8.

❧ **Equa**, água de um aquífero muito antigo situado 200m abaixo da superfície da Floresta Amazônica brasileira. O aquífero tem um dos maiores graus de pureza do mundo porque está envolto por quartzo rosa, que atua como um guardião da pureza da água.

❧ **Elsenham**, água riquíssima em minerais, particularmente cálcio e ferro; britânica, apresenta-se em uma elegantíssima garrafa. Mantida pela natureza em um lago subterrâneo com um raio de 300m que outrora esteve debaixo do mar, é uma das águas mais puras que podemos encontrar. O preço chega perto dos €10 por 750ml. É a preferida de **Arnold Schwarzenegger**.

❧ **Fiji** é extraída de um aquífero formado em uma antiga cratera vulcânica na Ilha de Viti Levu, no Arquipélago Fiji. Sua garrafa é quadrada e os rótulos reproduzem o verde da vegetação das Ilhas Fiji. É a bebida oficial de estrelas de Hollywood como **Madonna**, **Tom Cruise**, **Cameron Diaz** e **Nicole Kidman**.

❧ **Glaciana**, água glacial originária do vilarejo de Osa, localizado na Noruega, excepcionalmente pura, que contém baixa quantidade de minério (talvez com o menor nível entre as águas do mundo).

❧ **Mahalo Deep Sea Water**, proveniente do Havaí, é excepcionalmente rara. Originalmente, uma água fresca vinda de *icebergs* que derreteram há milhares de anos, formando um lago no fundo do oceano. Tem temperatura e salinidade diferentes da água do mar. É coletada do fundo do oceano através de um gasoduto de 3 mil pés.

❖ **Ogo** é conhecida como "a água que respira", pois contém 35 vezes mais oxigênio do que a água natural. É engarrafada na fonte da Prise d'eau Spring, em Tilburg, na Holanda. Sua garrafa em forma de bolha foi criada por **Ora-ito**, designer francês, que tem, entre seus clientes, marcas como Thierry Mugler, Swatch, Adidas e Louis Vuitton. Um litro de Ogo custa mais de €15.

❖ **San Pellegrino**, rica em minerais, é uma água carbonada mineral engarrafada há seiscentos anos nas Termas de San Pellegrino, em Milão, proveniente de três fontes distintas que emergem a 26°C. A San Pellegrino vem de um aquífero a 400m abaixo da superfície e é posteriormente filtrada para que apresente um composto mineral equilibrado.

❖ **Voss**, captada em um aquífero na cidade de Vatnestrom, ao sul da Noruega, é considerada a mais pura do mundo, não sendo sequer filtrada. Em vidro ou em PET, toda a concepção visual das embalagens – garrafas cilíndricas de cristal com as tampas cinzentas – foi desenvolvida por **Neil Kraft**, ex-diretor de criação da Calvin Klein, que criou a embalagem como se fosse o vidro de um perfume. É a preferida por enólogos para complementar os mais requintados vinhos.

A aguardente é uma bebida de alto teor alcoólico, obtida por destilação de cereais, **frutas**, raízes, sementes, tubérculos, canas-de--açúcar, **castanhas**, vinhos, plantas, melaços e gramíneas. A **cachaça** é um destilado feito da borra ou do melado da cana-de-açúcar. Segundo **Câmara Cascudo**, "a bebida nasceu aqui, é brasileira, com matéria-prima e braços nacionais, ainda que com alambiques lusos". Seu nome pode ter vindo da velha língua ibérica *cachaza* (vinho de borra), um vinho inferior bebido em Portugal e na Espanha. No Brasil, gerou mais de uma centena de nomes, como amansa-corno, chora na rampa, virgindade, abrideira, branquinha, malvada, perigosa, arrebenta-peito, engasga-gato, espanta-moleque, esquenta por dentro, guarda-chuva de pobre, quebra-goela e tira-juízo. Seria originária da criatividade dos escravos nos tempos do Império, que descobriram que a borra de melaço, depois de alguns dias, fermentava, dando origem a um produto que se denominava *cagaça*, que servia para a alimentação dos animais e até mesmo dos escravos. A destilação dessa garapa teria dado origem à cachaça. A pinga é fabricada com base na garapa, no caldo de cana fermentado. Durante o processo de destilação em alambique, o vapor se condensa aos pingos, derivando, daí, seu nome.

Produzida principalmente na Dinamarca, Noruega, Finlândia e Suécia, a Aquavit (água da vida) é o nome dado, nos países escandinavos, à aguardente da região, que tem como base um álcool puríssimo obtido da destilação de batata ou trigo, que é novamente destilado com água e uma mistura de especiarias. O resultado é

uma bebida de sabor suave e alta graduação alcoólica – varia de 40% a 50%. Reza a tradição que o primeiro brinde com Aquavit deve ser feito de um gole só. Para os homens, o segredo é brindar de pé, verter tudo de uma só vez e pingar algumas gotas no cabelo. Com esse ritual, acreditam que jamais ficarão carecas. A Linie Aquavit, marca norueguesa, respeita a tradição escandinava, que diz que a bebida, ao fazer a travessia do Equador, adquire melhor qualidade. Segundo **Ennio Federico**:

> a Linie Aquavit, antes de ser vendida, é levada de navio até a Austrália, em viagem de quase cinco meses em barris de carvalho, passando forçosamente a linha do Equador (daí o nome Linie). De volta à Noruega, é engarrafada e, no contrarrótulo, deve constar o nome do navio em que foi efetuada a travessia.

O pintor veneziano **Giovanni Bellini** (1430-1516), que gostava de usar em seus quadros os tons de pêssego, foi homenageado por **Giuseppe Cipriani**, dono e fundador do lendário Harry's Bar, de Veneza. Em 1934, Cipriani criou o **Bellini**, coquetel elaborado com uma parte de suco natural de pêssego e duas partes de *prosecco*, servido em uma *flûte*.

Bénédictine é o licor de **ervas** mais famoso e mais antigo do mundo. Tem sua origem na França, precisamente na Normandia, na abadia dos Beneditinos, em Fécamp. Ali, a história afirma que **Dom Bernardo Vincelli**, monge beneditino, começou a preparar essa bebida em 1510, de onde adquiriu seu nome. Durante a Revolução Francesa (1789), a receita desapareceu e, só a partir de meados do século XIX, uma empresa privada voltou a elaborá-lo. Trata-se da companhia de **Alexandre le Grand** (1830-1898), responsável pela recuperação da receita, que continua produzindo esse licor até hoje, em uma construção imponente em Fécamp. Elaborado com base em um destilado de uvas combinado com 27 ervas e especiarias diferentes, o processo de elaboração implica diversas etapas de destilação e mistura. O licor tem graduação alcoólica de 43°G.L., e as garrafas levam uma inscrição dedicada a **Deus**: D.O.M., "Deo Optimo Máximo" (Para Deus, só o melhor e o maior). Existem duas variações de Bénédictine: o B & B (Bénédictine e Brandy), que contém mais brandy e, portanto, um sabor mais seco; e o Café Bénédictine, que consiste na mistura de licor de **café** com esse clássico licor de ervas.

A primeira versão do **Bloody Mary** apareceu no Harry's New York Bar, em Paris, com o nome de Bucket of Blood, quando a **vodca** estava virando moda e já tinha adquirido a fama de mascarar o hálito. O coquetel foi levado para os Estados Unidos, após a lei seca, pelo seu criador, o barman americano **Fernand "Pete" Petiot** (1900-1975), onde foi rebatizado com o nome atual, possivelmente no King Cole Bar, no Hotel St. Regis Sheraton, na esquina da rua 55 com a 5ª avenida, em Nova York. O nome Bloody Mary foi inspirado na rainha da Inglaterra, **Maria I** (1516-1558), filha de **Henrique VIII** (1491-1547) e **Catarina de Aragão** (1485-1536), que, em razão da implacável perseguição aos protestantes puritanos, no período da restauração do catolicismo apostólico romano, ficou conhecida como "Mary, a sanguinária".

São mais de cinquenta ingredientes que entram em sua composição, cada um com uma dosagem precisa. À base de álcool, água destilada, **açúcar** e uma infinidade de raízes, folhas, frutos e **flores** das mais variadas procedências, esse delicioso *bitter* foi criado em um *caffè* defronte à Catedral de Milão, em 1860. Os reis italianos **Umberto I** (1844-1900) e **Vittorio Emanuele II** (1820-1878) adoravam. **Federico Fellini** (1920-1993) também. Empresta seu sabor a drinques clássicos como o Americano e o **Negroni**. Artistas plásticos como **Boccasile**, **Dudovich** (1878-1962), **Nizzoli**, **Hohenstein** (1854-1928) já desenharam cartazes para sua publicidade. Seu criador, **Gaspare Campari** (1828-1882). Sua criação, o **Campari**.

Para conter o ímpeto de alguns cervejeiros da Baviera que incluíam ingredientes bizarros na fabricação da **cerveja**, como ervilhas, fuligem e cal, o duque **Guilherme IV** (1493-1550) da Baviera, em 23 de abril de 1516, instituiu a Reinheitsgebot, a chamada Lei de Pureza da Cerveja, considerada a mais antiga norma alimentar da humanidade:

> Em especial, desejamos que, daqui em diante, em todas as nossas cidades, nas feiras, no campo, nenhuma cerveja contenha outra coisa além de cevada, lúpulo e água. Quem, conhecendo essa ordem, a transgredir e não respeitar terá seu barril de cerveja confiscado pela autoridade judicial competente, por castigo e sem apelo, tantas vezes quantas acontecer.

Nabucodonosor II (605 a.C.-562 a.C.) ficou famoso por ter conquistado o Reino de Judá, por ter deportado os judeus para a Mesopotâmia, episódio conhecido como a "Primeira Diáspora" ou "O cativeiro da Babilônia", e por ter construído os Jardins Suspensos, uma das sete maravilhas do mundo antigo. Costumava desfazer-se de suas concubinas, mandando afogá-las em tonéis de cerveja. Terminou seus dias enlouquecido e comendo grama. Bem feito!

O **champanhe** surgiu em 1668, quando **Dom Pierre Pérignon** (1639-1715), abade de Hautvillers, observou que o vinho das uvas da região de Champagne desenvolvia uma fermentação secundária, produzindo pequenas bolhinhas, em razão da colheita prematura. Dom Pérignon, ao contrário do que era recomendado, resolveu favorecer e controlar essa fermentação, que aprisiona o gás carbônico na garrafa e dá vida ao champanhe. Criou, assim, a técnica conhecida como *champenoise*. Ao saborear, pela primeira vez, sua criação, teria corrido em direção aos demais monges, gritando: "Venham, venham todos! Estou bebendo estrelas." Segundo a lei, somente o vinho espumante dessa região, feito com uvas Pinot Noir, Pinot Meunier e Chardonnay, plantadas e cultivadas em área delimitada, pode receber esse nome. Nas demais regiões francesas, é chamado *vin mousseux*; na Itália, *spumante*; e, na Alemanha, *sekt*.

O czar russo **Alexandre II** (1818-1881), que reinou de 1855 a 1881, tinha hábitos requintados. Recepções em sua corte eram sempre regadas a **champagne Roederer** – uma das mais importantes *maisons* de champanhe, fundada em 1776. O czar observou que, na corte, o champanhe ia à mesa embrulhado em um **guardanapo** de linho branco, o que impedia sua identificação. Alexandre II, então, exigiu que seu champanhe pessoal fosse colocado em garrafas de puro cristal

de Baccarat, para não esconder sua maravilhosa cor, dando origem ao magnífico Champagne Cristal, em 1876.

O Champagne Pol Roger era a paixão de Winston Churchil (1874-1965), estadista britânico. Gostava tanto que deu a seu cavalo o mesmo nome.

A fórmula da Coca-Cola, referida também pelo código "7 X", é um dos segredos industriais mais bem guardados da História. Segundo Robert Woodruff (1889-1985), que dirigiu a empresa de 1923 a 1955:

> a receita secreta da Coca-Cola era transmitida oralmente apenas a um punhado de químicos e diretores da companhia, durante muitos anos. Nenhuma nota escrita era autorizada. As etiquetas dos recipientes que continham os ingredientes eram retiradas logo depois da entrega. A partir daí, eles só

eram identificados pelo cheiro e por seu lugar nas prateleiras. O único documento que descreve toda a receita do sucesso é mantido a sete chaves em um cofre, na sede da companhia em Atlanta.

Chartreuse é um licor de ervas, encontrado nas versões verde (mais forte) e amarelo (mais suave e adocicado). Produzido com base em 150 ervas e especiarias, é envelhecido em tonéis de carvalho. É o mais antigo licor ainda feito por monges: sua fórmula, criada no século XVI, começou a ser vendida em 1848. Depois de guerras e revoluções, os monges se exilaram na Espanha, onde fundaram uma grande destilaria que funciona até hoje, em Tarragona. A cada ano, ela é visitada pelos três únicos monges que conhecem a fórmula do licor. A destilaria principal fica nas proximidades do monastério de Chartreuse, nos Alpes franceses, perto de Grenoble.

A **cuba libre**, diz a lenda, nasceu de um episódio durante a Guerra Hispano-Americana pela libertação de Cuba, em 1898. Um grupo de soldados do Corpo do Exército Notável norte-americano saiu para beber em um bar em Havana Velha. Um capitão pediu uma dose de rum com refrigerante de cola, gelo e uma rodela de limão. Os soldados gostaram da ideia, pediram a inusitada mistura e, na hora de brindar, alguém sugeriu que brindassem a Cuba, em celebração à recente liberdade alcançada. O capitão elevou o copo e deu o grito de guerra que havia inspirado os soldados vitoriosos na Guerra de Independência: "A Cuba libre!"

Em uma única visita, ao cair da tarde, ao bar El Floridita em Havana, **Ernest Hemingway** (1899-1961) era capaz de entornar dez **daiquiris** e ainda sair com uma jarrinha debaixo do braço, "*el trago del camino*", para beber no quarto de hotel. Junto com o **mojito**, eram seus coquetéis favoritos. O daiquiri teve sua origem em uma mina de ferro de mesmo nome, perto de Santiago de Cuba, em 1896. Um jovem engenheiro americano chamado **Jennings Cox** passava suas horas livres mesclando todo tipo de ingredientes com rum, buscando uma fórmula que agradasse seu paladar. Até que um dia adicionou suco de limão, açúcar e gelo triturado. Bingo! Havia encontrado seu coquetel favorito. **Giacomo Pagliuchi**, engenheiro italiano e colega de Cox, se encarregou de batizar o coquetel de Daiquiri. Quanto ao mojito, a exemplo do **grog**, também foi criado por um almirante inglês, **Francis Drake** (1540-1596). Para combater o enjoo de seus marujos em longas viagens pelo mar, misturou **hortelã** ao rum e deu de beber a todos. Se funcionou, ninguém sabe, mas que eles gostaram, gostaram.

Para agradar um cliente muito especial, o megamilionário **John Rockefeller** (1839-1937), o bartender **Martini di Arma Tiggia**, criou um dos coquetéis mais famosos do mundo, o **dry martíni**, no Knickerbocker Hotel, em Nova York, em 1910. A polêmica sobre sua receita original é tão grande que o escritor americano Ernest Hemingway se saiu com a seguinte tirada:

> Se algum dia você vier a se perder na selva africana, nada de desespero. Sente-se em uma pedra e comece a preparar um Dry Martíni. Eu garanto: em menos de cinco minutos, vai aparecer alguém dizendo que a dosagem de **gim** e **vermute** está errada.

O ex-presidente americano **Franklin Roosevelt** (1881-1945) era aficionado pelo drinque. Em suas viagens internacionais, sempre levava os ingredientes e utensílios necessários à execução de seu dry martíni.

A origem do **Fernet Branca** remonta a meados do século XIX e há várias versões sobre sua verdadeira origem e seu criador. Há quem sustente que foi criado na França, outros indicam que foi na Tchecoslováquia (atual República Tcheca), mas a maioria aponta a Itália, mais precisamente na província da Lombardia. Há quem diga que foi criado por um farmacêutico estrangeiro, possivelmente austríaco, apelidado de **Fernet**. Outros preferem e sustentam a história contada por uma das empresas mais antigas na elaboração dessa bebida, a Fratelli Branca, que atribui ao farmacêutico **Bernardino Branca** sua criação, em 1845. Preocupado em atenuar as cólicas menstruais de **Maria**, sua nora, Branca combinou quarenta ervas e especiarias e criou um licor amargo. Maria, satisfeita com o resultado, tratou de promover as virtudes da bebida. Segundo ela, além de aliviar as dores menstruais, o Fernet servia para curar a febre, estimular o apetite e acalmar as enxaquecas. Envelhecido em barril de carvalho de seis a 12 meses, com graduação alcoólica por volta de 43%, além de servido como digestivo, pode também ser apreciado com café, puro ou *on the rocks*.

Bebedores insaciáveis até então, os ingleses consumiam cerca de 20 milhões de galões de gim por ano, por volta de 1740. Preocupado com as consequências nefastas provocadas pelo alcoolismo na economia do país – havia mais de 7 mil locais de venda de gim na cidade de Londres –, o Parlamento aprovou o Gin Act, prevendo severas restrições aos produtores e comerciantes de gim. Descoberto nos laboratórios da Universidade de Leyden, em Amsterdã, pelo dr. **Franciscus Sylvius** (1614-1672) – também chamado Franz de La Boe –, o gim é resultante da destilação de bagas de **zimbro** aromatizadas com ervas e plantas. Inicialmente, foi utilizado como diurético no tratamento de afecções renais. Seu filho mais ilustre, o gim-tônica, foi inventado por oficiais e altos funcionários do Império Britânico, a serviço na Índia, para amenizar o gosto amargo do quinino, tomado como preventivo contra a malária.

O almirante **Edward Vernon** (1684-1757) era conhecido na Marinha inglesa pelo apelido de "Old Grog", por causa de um capote de gorgorão (*grogram*, corruptela em inglês de *grogoran*) que ele usava. Nessa época, o rum já fazia parte da provisão dos navios da Marinha real e era a bebida preferida dos marujos. Para combater a embriaguez e o escorbuto, "Old Grog" mandou diluir o rum com água quente, em partes iguais, e acrescentar à bebida um pouco de suco de limão. A mistura – agora chamada de grog – passou a ser uma eficiente defesa contra os ventos gelados das noites em alto-mar, principalmente quando servida fervendo, adoçada com açúcar.

Conhecido no mundo inteiro, o **Irish coffee** foi inventado depois da Segunda Guerra Mundial, por **Joe Sheridan** (1814-1873), barman do **restaurante** do aeroporto de Shannon, ao norte da Irlanda, em um dia no qual um voo partindo de Foynes teve de voltar, em razão das péssimas condições climáticas. Vendo os passageiros tilintando de frio, Sheridan resolveu aquecê-los misturando o **uísque** de sua terra natal com um pouco de café e creme de leite. A origem do nome surgiu no momento em que um passa-

geiro perguntou ao barman: "*Brazilian coffee?*", "*No, Irish coffee.*"
Uma placa em sua homenagem, exposta no restaurante, atesta a veracidade do fato.

Foi o licorista Claude Joly quem teve a boa ideia de macerar no álcool o cassis e acrescentar açúcar à mistura, criando o creme de cassis, em 1841, em Dijon. Melhor ideia ocorreu ao cônego Kir (1876-1968), aristocrata religioso, herói de guerra e ex-prefeito de Dijon, falecido em 1968 – misturar creme de cassis com vinho branco supergelado. O coquetel acabou recebendo seu nome, kir. Quando preparado com vinho tinto, recebe o nome de cardinal ou communard. Se, em vez de vinho branco ou tinto, leva champanhe, chama-se kir royal.

Em uma coqueteleira, coloque gelo, 50ml de uísque americano, 20ml de vermute tinto e três gotas de angostura. Mexa bem. Sirva em um copo previamente gelado e decore com uma cereja. Receita do Manhattan, considerado "o rei dos coquetéis", servido pela primeira vez em 1874, para lady Churchill (1854-1921), mãe do presidente Winston Churchill, no Manhattan Club, em Nova York. Encantada com o sabor, ergueu seu copo e brindou "Ao manhattan!"

No Natal de 1948, a socialite Margareth Sanders preparou, em sua casa de veraneio, em Acapulco, no México, uma mistura de tequila com licor de laranja, suas duas bebidas prediletas, para oferecer aos convidados. O drinque fez sucesso e ganhou o nome da socialite na língua local, marguerita.

Em Florença, na Itália, corria o ano de 1919. Camillo Negroni (1868-1934), conde italiano, frequentador assíduo do Casone de

Firenze, pedia sempre o Americano, aperitivo muito apreciado na época. Um belo dia, querendo tomar uma bebida mais forte, solicitou ao barman **Fosco Scarcelli** que acrescentasse gim ao seu Americano. O conde aprovou a combinação. Outros frequentadores do bar experimentaram e aprovaram também. O barman logo percebeu que estava diante de um novo drinque. Acrescentou gelo e uma fatia de limão. O coquetel foi popularizado e ganhou o sobrenome do conde, Negroni.

Segundo a lenda, era costume na Itália, nos tempos medievais, plantar uma nogueira cada vez que uma menina nascia. Quando a menina atingia a idade adulta e ia se casar, a árvore era cortada. Com a madeira fazia-se o leito nupcial, e com as nozes, um licor que era servido na celebração das núpcias chamado **nocello**, conhecido hoje em todo o mundo.

A lenda: celebrizado por Ernest Hemingway, o **side car** nasceu, literalmente, de um acidente de percurso. Uma motocicleta dotada de um carona lateral para passageiro (*side car*) entrou desgovernada no Harry's Bar de Veneza, derrubando tudo que encontrou pela frente. Em vez de lamentar o prejuízo e o estrago, o proprietário inventou um drinque para eternizar o acidente. Misturou três partes de Cointreau, seis partes de conhaque e uma parte de suco de limão, e deu à mistura o nome de side car. O mais provável: nasceu em Paris, durante a Primeira Guerra Mundial, em homenagem a um oficial francês que sempre chegava ao bar no carrinho lateral de uma motocicleta dirigida por um motorista.

Vermute, da palavra alemã *wermut* (absinto), é um aperitivo elaborado com vinho, aguardente vínica e inúmeras especiarias.

Além do absinto, entram em sua composição gengibre, **noz-moscada**, quinino, **cravo**, orégano, baunilha, **açafrão**, manjerona, entre outras. Na Grécia, em torno de 400 a.C., era conhecido como "vinho de **Hipócrates**" e usado como estimulante e digestivo. A produção em escala industrial foi iniciativa de **Antonio Benedetto Carpano** (1764-1815), um fabricante de licores, em Turim, Itália, no ano de 1786. Existem três variações de vermute: tinto, branco seco e rosado.

Na época romana, **Galeno** (129-200), famoso médico da época, desaconselhava o consumo de vinho para menores de 22 anos. Considerava-o uma bebida tão quente que era desnecessária para corpos que já têm suficiente calor natural.

Em **Gênesis** (9.20-25), vemos que, depois do desembarque da arca, **Noé** passou a cultivar a terra, plantou uma vinha e das uvas fez vinho, de que bebeu sofregamente, acabando por ficar completamente embriagado. "E tendo bebido vinho, (Noé) embriagou-se e apareceu nu em sua tenda." **Cam**, pai de Canaã, tendo visto a nudez de seu pai, saiu da tenda e foi contar a seus irmãos, **Sem** e **Jafet**. Os dois irmãos de Cam pegaram uma capa e foram cobrir a nudez de seu pai. Quando Noé despertou de sua embriaguez, soube o que lhe tinha feito seu filho mais novo e disse: "Maldito seja Canaã; servo dos servos será de seus irmãos! Bendito seja o Senhor, o **Deus** de Sem, e seja-lhe Canaã por servo!" Para evitar que seus cardeais exagerassem na bebida, o papa **Júlio II** (1443-1513) mandou **Michelangelo** pintar essa passagem bíblica no teto da Capela Sistina no Vaticano, bem acima da vista de seus cardeais. O belíssimo afresco é conhecido como *A embriaguez de Noé*.

Quem sabe a fonte da juventude não esteja guardada em uma garrafa de vinho **Château Lafite**? Assim pensou **Luís XV** (1710-1774) ao reencontrar o marechal de **Richelieu** (1696-1788). Parecia tão rejuvenescido que o rei logo quis saber o segredo. Segundo Richelieu, um médico de Bordeaux havia "receitado" o vinho Château Lafite, que prontamente foi introduzido na corte por **Madame de Pompadour** (1721-1764) − amante e conselheira de **Luís XV** −, que o chamava de "o vinho do rei".

A **adega do La Tour d'Argent** resistiu a inúmeras guerras e revoluções, como a Segunda Guerra Mundial (1939-1945), graças à sagacidade de **Claude Terrail** (1917-2006), que herdou a casa do pai **André**, em 1947. Desconfiado de que sua adega de mais de 100 mil garrafas seria alvo dos emissários de **Hitler** (1889-1945), ergueu uma parede, na qual camuflou suas 20 mil garrafas mais preciosas, contam **Don** e **Petie Kladstrup**, no livro *Vinho & guerra*. Sua suspeita foi confirmada dias depois, quando **Hermann Göring** (1893-1946), o criador da Gestapo, e seus soldados apareceram para degustar os famosos exemplares de 1867. Terrail informou que não havia mais uma só garrafa da safra na adega. Inconformados, os soldados desceram à adega para conferir. Reviraram tudo e nada! A manobra de Terrail respondeu pela sobrevivência de tesouros como o Le Château Citran, de 1858; Château Siran, safra de 1865; o Château Guad Larose, de 1870, e o Château d'Yquem Vintage, de 1871. Ainda assim, os soldados surrupiaram perto de 80 mil garrafas. Detalhe sórdido: Hitler não bebia.

Graças ao aumento das importações de vinho português da região do Douro, no século XVII, os ingleses acabaram criando, casualmente, a fórmula do **vinho do Porto**. Em decorrência das guerras com a França, os negociantes ingleses, radicados na cidade do Porto, foram obrigados a buscar uma alternativa para os vinhos franceses. Encontraram-na em Portugal, mais precisamente no vale do Douro. Os tonéis de vinho eram levados por embarcações à vela em longas travessias marítimas. Os ingleses logo perceberam que se adicionassem aguardente de uvas aos barris de vinho, além de conservá-lo por mais tempo, a adição de álcool diminuía a acidez e adstringência, e realçava o sabor da bebida. Em dezembro de 1703, foi assinado um tratado comercial luso-saxônico, o tratado de Metween, que admitia a entrada de vinho português nas Ilhas Britânicas, com tarifas aduaneiras preferenciais em relação às que sobrecarregavam os vinhos franceses, ocasionando, assim, um grande incremento em seu consumo. Para assegurar a qualidade do produto, equilibrar a produção e o comércio, e estabilizar o preço, o Marquês de **Pombal** (1699-1782) criou a Companhia Geral da Agricultura das Vinhas do Alto Douro, em 10 de setembro de 1756. Além disso, encarregou-se de fazer a demarcação das serras, área na qual o vinho poderia ser cultivado, surgindo, assim, a região demarcada mais antiga do mundo. O nome do vinho deriva da cidade homônima Porto, que fica na foz do rio Douro, mas não é feito ali. O Porto é produzido no Alto Douro, cerca de 100km acima. Celebrado pelos ingleses, conta-se que o almirante **Horatio Nelson** (1758-1805), conhecido como Lorde Nelson, antes de derrotar **Napoleão Bonaparte** (1769-1821) na célebre batalha naval em Trafalgar, em 21 de outubro de 1805, demonstrou sua estratégia a lorde **Sidmouth** (1757-1844) desenhando seu plano sobre o tampo de uma mesa com o dedo molhado em Porto.

George, duque de Clarence (1449-1478), foi condenado por seu irmão, o rei Edward IV (1442-1483), por alta traição, após vários atos contra a coroa real. George foi levado a julgamento e condenado à morte, executado privadamente, por ter violado e desrespeitado as leis que regiam a Inglaterra. Segundo o povo, George teria escolhido morrer por afogamento em um tonel de vinho Malvasia da Madeira. William Shakespeare (1564-1616), em sua peça *Ricardo III*, que conta a história de Ricardo, duque de Gloucester, e como ele chegou ao trono da Inglaterra, alimenta a versão popular. Na peça, o assassino do duque, enquanto o apunhala, declara: "Tome isso, e isso: e, se tudo isso não bastar, vou afogá-lo em um tonel de Malvasia." O vinho, feito da uva Malvasia, foi o mais apreciado durante séculos, e também a primeira espécie plantada na Ilha da Madeira, quando o infante Dom Henrique ordenou que trouxessem as primeiras cepas da ilha grega de Cândia.

O vinho verde pode ser branco ou tinto e é muito leve, normalmente com baixo teor alcoólico, delicada acidez e aroma frutado. Deve ser bebido resfriado, entre 8°C e 12°C. É chamado verde por ser vendido e consumido muito jovem. Só os vinhos da região demarcada – Minho, norte do Douro Litoral, pequenas porções de Trás-os-Montes e Beira Litoral – podem usar essa denominação.

Conta-se que o grão-príncipe Vladimir de Kiev (956-1015) vivia indeciso, dividido entre o cristianismo e o islamismo. Depois de saborear uma dose de vodca, resolveu aderir ao cristianismo –

o Islã fazia restrições ao consumo de bebidas alcoólicas. A vodca nasceu como bebida para não congelar e ajudar a enfrentar o inverno rigoroso nas proximidades do Polo Norte, razão pela qual tem alto teor alcoólico. Sua composição tem como base o álcool e a água com alto grau de pureza. Russos e poloneses preferem o álcool da batata ou do trigo. Turcos, da beterraba. Americanos, o álcool do trigo e do centeio. Ingleses e brasileiros preferem o álcool da cana-de-açúcar. Sua terra de origem é polêmica. Até hoje, anima russos e poloneses. Pode ter surgido na Polônia, no início do século XV, popularizando-se na Rússia três séculos depois, ou na Rússia, popularizando-se na Polônia desde então. O nome *vodka* é diminutivo brincalhão de voda – "água" em russo.

Catarina II (1729-1796), czarina que reinou absoluta mais de trinta anos, gozava de excelente saúde e vitalidade, era uma amante insaciável na cama, tendo vivido lúcida e ativa até os 67 anos. Sua receita diária de café da manhã: chá com vodca e uma omelete de caviar.

Com muita sabedoria, os celtas da Grã-Bretanha e da Irlanda denominavam o uísque como *acqua vitae*, o que, em gaélico, quer dizer "água da vida", termo usado para designar bebidas fortes, em inúmeras línguas. Escoceses e irlandeses reivindicam para si a primazia da invenção do *scotch whisky*. Embora a destilação já fosse prática comum entre os celtas, a versão mais difundida é a de que a arte de destilar teria surgido no século V, na Irlanda, e depois emigrado, junto com os missionários cristãos, para os mosteiros escoceses, até alcançar as Highlands, espalhando-se, dali, por todo o país. Até 1853, a Escócia produzia um só tipo: o *single malte*, destilado exclusivo de cevada, proveniente de uma única destilaria. Os demais surgiram no século XIX, em razão do aumento das vendas de uísque. São eles o *vatted*, resultado da mistura de dois ou mais *single malts*, chamado de *puro malt*; o *grain whisky*, destilado de grãos de milho ou trigo ou centeio; e o *blended*, o mais popular dos *scotches* que nasce da mistura de *grains* e *single malts* e normalmente possui na sua composição cerca de quarenta uísques diferentes.

O processo de amadurecimento por carvão é o que diferencia o uísque **Jack Daniel's** do uísque Bourbon. Cada gota do Jack Daniel's passa por uma coluna de 3m de carvão vegetal feita com a madeira de *maple*, antes de ir para os barris para envelhecer – cada gota leva dez dias para percorrer a coluna. Esse processo de filtração chama-se *charcoal mellowing* e foi inventado por **Jasper Newton "Jack" Daniel** (1846-1911), fundador da destilaria homônima, há mais de 150 anos.

Cafés e chás

Conta a lenda que, há mais de mil anos, um monge passeava pelas pastagens da Arábia. Enquanto sentia o calor da tarde aquecer suas costas, respirava o ar puro e seco das montanhas de Abissínia, hoje Etiópia. Perto de uns arbustos, o monge notou certa agitação onde algumas cabras brincavam. A alegria dos animais era tamanha que o monge resolveu se aproximar. Um garotinho de nome **Kaldi** estava sentado perto do rebanho e cantarolava baixinho. Todos pareciam embriagados por uma estranha felicidade. O monge se aproximou e notou as pequenas frutinhas vermelhas que estavam nas mãos do jovem, parecendo reluzir contra a luz do entardecer. Kaldi explicou que as **frutas** eram fontes de alegria e motivação, e somente com a ajuda delas o rebanho conseguia caminhar por vários quilômetros por subidas infindáveis. O monge apanhou um pouco das frutas e levou consigo ao monastério. Antes da oração noturna, resolveu experimentar o novo elixir. Começou a utilizar as frutinhas na forma de infusão, percebendo que a bebida o ajudava a resistir ao sono enquanto orava ou em suas longas horas de leitura do breviário. Era o **café**, descoberta que se espalhou rapidamente pelo mundo maometano, favorecido pela proibição de se consumir **vinho**, "chegando a ficar conhecido como o vinho do Islã", revela **Ariovaldo Franco**.

Por causa da cafeína, o café foi considerado, por uns, bebida demoníaca e, por outros, um néctar dos deuses. Chegou ao Ocidente pela cidade de Nápoles, na Itália, mas, como era uma bebida maometana, foi proibida aos cristãos e somente foi liberada depois de submetida à aprovação da Igreja. O papa **Clemente VIII** (1536–1605), depois de provar e ser seduzido por ela, exclamou: "Por **Deus**, esta bebida de satanás é tão deliciosa que seria uma lástima deixá-la para o uso exclusivo dos hereges. Vamos burlar o diabo, batizando-a." Consagrada divina, é conhecida desde o ano 75 a.C.

O rei sueco **Gustavo III** (1746–1792) estava convencido de que o café era um veneno. Para comprovar sua desconfiança, ordenou a suspensão da execução de dois condenados à morte e mandou encarcerá-los, determinando que um deles tomasse café e o outro, **chá**, até morrerem, para descobrir qual dos dois era o mais venenoso. Ambos foram monitorados pelo médico do rei, durante anos a fio. O médico que acompanhava os condenados foi o primeiro a morrer. Gustavo também não viveu para ver o resultado, pois foi assassinado por um oficial do Exército, logo depois. O bebedor de chá veio a falecer alguns anos mais tarde. O que tomou café, 12 anos depois.

Em 1727, o governador do Maranhão e Grão-Pará, **João da Maia da Gama** (1673-1731), convocou o sargento-mor **Francisco de Melo Palheta** (1670-1750) para ir à Guiana Francesa e fazer valer o Tratado de Utrecht, no rio Oiapoque. Assim, tentava obter mudas de café, produto de grande valor comercial e cuja produção só era permitida em colônias europeias. Palheta conseguiu aproximar-se da esposa do governador de Caiena, capital da Guiana Francesa, madame **Claude d'Orvilles** (1668-1728). Há quem diga que chegaram a ter um breve romance. Seja como for, em seu regresso ao Brasil, recebeu um vaso de plantas ornamentais, presente de Madame d'Orvilles, com mudas de café clandestinamente escondidas. Começava, assim, a história de umas das maiores plantações de café do mundo.

Nosso café mais famoso, o **Brazilian Santos**, foi assim batizado em homenagem ao pai da aviação, **Alberto Santos Dumont** (1873-1932), descendente de uma das grandes famílias produtoras de café do país e o mais famoso divulgador do café *made in Brasil*, no início do século XX. Alguns historiadores, contrariando essa versão, afirmam que o nome vem do local onde o grão era exportado para a Europa, o porto de Santos.

Nos anos 1930, o Brasil teve uma superprodução de café que provocou uma queda substancial do preço do produto no mercado internacional, gerando uma de suas maiores crises econômicas. Por iniciativa do Instituto Brasileiro do Café (IBC) e de membros do governo brasileiro, foi solicitado ao então presidente da Nestlé, na Suíça, **Louis Dapples** (1867-1937), que a empresa desenvolvesse a fabricação de cubos de café que pudessem ser misturados ao **leite**

em pó, que já vinha sendo produzido pela empresa no Brasil. A solução só veio anos depois de intensas pesquisas comandadas pelos cientistas **Max Morgenthaler** (1901-1980) e **Vernon Chapman** (1921-2006), cujo mérito foi adicionarem hidratos de carbono à matéria-prima para manter o aroma do café. Batizado Nescafé, foi lançado mundialmente como o primeiro **café instantâneo** do mercado, em 1939. Somente em 1953, exatos 15 anos depois, conseguiu desembarcar no Brasil, após vencer a pressão contrária dos fabricantes de café torrado e moído.

O café **Kopi Luwak**, produzido na Ilha de Sumatra, é adocicado e tem um leve gostinho de caramelo e **chocolate**. Seus **grãos** são digeridos por um animal chamado luwak – pequeno mamífero asiático que vive nas árvores da região cafeeira – e depois colhidos diretamente de suas fezes por resignados camponeses indonésios. Os grãos, intactos, são, então, tratados, higienizados, torrados e vendidos por cerca de US$1 mil o quilo. Seu alto custo decorre da raridade – no máximo, 230kg por ano. Nosso similar tupiniquim é o **Jacu Bird Coffee**, produzido na região serrana do Espírito Santo por um pássaro vegetariano chamado jacu. A pequena produção é exportada para os Estados Unidos, o Japão e a Inglaterra.

O frade capuchinho **Marco d'Aviano** (1631-1699), excelente estrategista militar, participou e ajudou a vencer a batalha pela libertação de Viena assediada pelos otomanos, em 1683. Quando o exército adversário recuou, deixou para trás dezenas de sacas de café. Os grãos abandonados no campo de batalha foram, então, recolhidos e usados. A bebida, por ser muito amarga, não agradou o paladar dos vienenses, que resolveram adicionar-lhe um pouco de mel e de leite. Aprovada, batizaram-na de **cappuccino**, capuz em italiano, em homenagem ao frade guerreiro. Em 28 de abril de 2003, Marco d'Aviano foi beatificado pelo papa **João Paulo II** (1920-2005).

A origem do chá remonta à China e data de mais de 4 mil anos. Reza a lenda que o imperador **Shen Nung** ordenou a toda a população que, por razões de higiene, passasse a ferver a água antes de ser bebida. Uma tarde, quando o próprio Shen Nung fervia sua água, passou por ali uma brisa que arrancou algumas folhas de um arbusto de *Camellia sinensis* (planta do chá), que lhe fazia sombra. Por acaso, as folhas caíram exatamente dentro da água que já fervia. Em vez de tirar as folhas, ele as ficou observando e notou que elas produziam uma infusão. O imperador provou-a, gostou do sabor e espalhou a notícia. Assim, contam os chineses, teria sido descoberto o chá.

Catarina de Bragança (1638-1705), filha de **D. João IV** (1604-1656) e de **Dona Luísa de Gusmão** (1613-1666), introduziu o chá na Inglaterra, quando se casou com **Carlos II** (1630-1685), soberano daquele país. A bebida tornou-se moda na corte inglesa, restringindo-se, contudo, à nobreza.

Conta-se que, ao chegar à corte britânica, entregou aos criados um pacotinho que trouxera consigo e pediu que lhe preparassem um chá. Perguntaram como se fazia aquilo. Dona Catarina explicou: "Ferve-se água e deita-se a água a ferver em cima das folhas." Passado algum tempo, trouxeram-lhe um prato com as folhas molhadas e quentes. A água? Tinham jogado fora. Catarina popularizou o chá na corte britânica, mas foi **Anna** (1783-1857), sétima duquesa de Bedford, quem introduziu o hábito de tomar chá todos os dias, por volta das cinco da tarde, reunida com algumas convidadas, no início do século XIX. Anna, segundo se falava à boca miúda, era muito gulosa e sentia muita fome entre as **refeições**. Por isso, desenvolveu esse hábito. O chá era servido acompanhado de sanduíches com finas fatias de pepino, scones com **geleia** e manteiga, *pastries* de chocolate, tortas, biscoitos escoceses e bolos gauleses.

Quando o chá veio da China, também vieram as pequenas xícaras de porcelana sem cabo que os chineses usavam. Os artesãos europeus se esforçavam para fazer xícaras parecidas, mas essas não tinham a mesma resistência ao calor. Quando se adicionava água quente, elas estouravam. Certo dia, descobriu-se que, colocando leite frio primeiro na xícara e depois a água, a xícara resistia. Nascia, assim, o costume inglês de tomar **chá com leite**.

Earl grey tea é uma combinação de chás pretos do Sri Lanka (Ceilão) e da Índia, aromatizado com bergamota, cujo nome é uma homenagem ao conde (*earl*) **Charles Grey** (1764-1845), primeiro--ministro do rei inglês **William IV** (1765-1837). Segundo a lenda, um mandarim chinês, cujo filho foi salvo de afogamento por um dos empregados de Earl, deu de presente a ele esse chá.

Chás só podem ser chamados por esse nome se forem preparados com base nas folhas da *Camellia sinensis*, planta que dá origem aos chás preto, verde e *oolongs* (chás de Taiwan). **Infusões** são todos os outros tipos de bebidas feitas da imersão de folhas, **flores** e frutas em água quente, esclarece a especialista **Carla Saueressig**.

Prêt-à-Portea, que brinca com o *prêt-à-porter* da moda e *tea*, chá em inglês, é considerado um dos melhores lugares do mundo para celebrar essa tradição inglesa. Foi criado há três anos pelo hotel The Berkeley. Trata-se de um chá da tarde famoso por apresentar biscoitos, bolos e **doces** na forma das criações de famosos estilistas. Pães de gengibre e bolinhos baseados no tecido xadrez de Louis Vuitton; **madeleine** listrada de banana e vanila bavaroise, inspirada em Missoni; a bolsa Kelly laranja, feita à base de gengibre, da Hermès; bombinhas decoradas com as listras de Missoni e as estampas de leopardo Dolce & Gabbana; bombas de chocolate com listras Cristóbal Balenciaga; mousse de limão, geleia de coco e renda de pera estilo Nina Ricci; cesta de praia inspirada em **Anya Hindmarch**; biscoitos de baunilha no formato do famoso biquíni fúcsia de **Elizabeth Hurley** e minibolos transformados em broches da coleção de joias Prada são algumas das criações que já fizeram parte do menu da casa. O Prêt–à–Portea é servido todos os dias, a £34, por pessoa, no hotel The Berkeley, em Londres.

Cardápio

Cristóvão Colombo (1451-1506), navegador genovês, entendia de mar como poucos, mas escassamente de gastronomia. Raymond Sokolov conta em seu livro, *Why we eat what we eat*, que o navegador saboreou em sua primeira viagem algo que, segundo as anotações de seu diário de bordo, deve ter sido uma iguaria. Descreveu-a como "uma serpente que matamos com lanças e cuja carne é branca e tem sabor semelhante ao do frango". A batata-doce lhe pareceu prima-irmã da cenoura na aparência e, no sabor, das castanhas. Pior, porém, foi o que Colombo aprontou com os *chilies*, com os quais topou um dia antes de sua viagem de regresso à Espanha. Sem ter encontrado a lucrativa pimenta-preta que deveria levar das Índias, o navegador se consolou com os *chilies* e os batizou de pimentas, porque também tinham sabor ardido e forte. Com isso, segundo Sokolov, ajudou a criar uma das maiores confusões da história da culinária mundial, que insiste em rotular como pimenta qualquer tempero mais forte ou ardido.

Iguarias encontradas nos **cardápios** mundo afora:

❧ Aranha caranguejeira frita. Índios da América do Sul e aborígenes na Austrália adoram. O abdômen é a parte mais cobiçada;

❧ Morcego à caçarola, mas só os frutívoros! Com baixo teor de gordura, dizem que a textura de sua carne lembra a do frango. Também encontrado nas versões sopa e lasanha, faz parte do cardápio de chineses e vietnamitas;

❧ **Omelete** de larva de bicho-da-seda. Na Tailândia, elas fazem parte da alimentação das crianças, nas escolas;

❧ Escorpião negro. Degustado com *hashis* no continente asiático, é cozido em altas temperaturas para neutralizar seu veneno, antes de ser preparado;

❧ Cérebro de macaco, apreciadíssimo na África;

❧ Sopa de cachorro, que, apesar dos protestos, continua a ser servida em Hong Kong e na Coreia do Sul;

❧ Camelo na Somália;

❧ Lulas vivas e latas de miniabelhas, no Japão;

❧ Baratas d'água, no Camboja;

❧ Libélulas sem asas, salgadas e fritas em óleo de coco, acompanhadas de geleias de pimenta, na Indonésia; e

❧ *Cricket-lick-it*, um grilo que vem dentro de um pirulito transparente de creme, nos sabores menta, **uva**, laranja ou **canela**, na Califórnia.

Segundo **Jerry Hopkins**, autor do livro *Strangers foods* (2004), "o que parece repulsivo em uma parte do mundo é simplesmente considerado almoço em outra".

O **arroz de Braga** nasceu no Brasil, invenção de um português que incluiu no cardápio de seu **restaurante** um prato típico do norte de Portugal, o **arroz de pato** à moda de Braga. Como o **pato** não apeteceu ao paladar brasileiro, foi substituído por frango e linguiça. Portanto, viajantes, estejam atentos: "Há arroz em Braga, mas não Arroz de Braga", como costumam brincar os garçons dos restaurantes portugueses com os turistas desavisados.

Até o início do século XX, o carro de boi, chamado carreta no Rio Grande do Sul, era o veículo principal de transportes de mercadorias. As viagens eram muito longas e demoradas. O carreteiro, condutor da carreta, para se alimentar, levava o **charque**, alimento não perecível, em suas idas e vindas, junto com o **arroz**, abundante na Região Sul. Da mistura desses dois ingredientes, criou o **arroz de carreteiro**. Tropeiros que levavam as tropas de gado do Rio Grande do Sul até as Minas Gerais também costumavam preparar esse prato. Em Goiás e Tocantins, o prato recebe o nome de **Arroz Maria Isabel**. Sempre preparado com **carne-seca**.

Foi graças a um atraso no trem que levava o rei **Louis Phillipe I** (1773-1850) e a rainha **Marie Louise** (1782-1866) para a inauguração da primeira estrada de ferro francesa, o trecho Paris–Saint-German-en-Laye, em agosto de 1837, que surgiram as **batatas soufflées**. Entre os pratos do **banquete** oficial, estava um assado acompanhado de batatas fritas que já estavam sendo preparadas quando o **chef Collinet** foi avisado do atraso. Imediatamente, ele mandou suspender a fritura. Mais tarde, as **batatas**, ao retornarem ao fogo para serem fritas, estufaram, fazendo lembrar travesseirinhos. Outra versão diz que, habituado a jantar em um restaurante próximo ao local de seu trabalho, **Alfred-Armand--Louis-Marie Velpeau** (1795-1867), um dos mais consagrados cirurgiões da França, estranhou quando, em vez de batatas palito acompanhando o prato que havia pedido, foram servidas batatas cortadas em formato chato e redondo, e pediu que fossem substituídas. Ao serem fritas, para servir a outro cliente, as batatas estufaram, causando surpresa ao cozinheiro.

O **bife à milanesa**, provavelmente, nasceu em Milão, na Itália. Aparece no cardápio de um almoço na Igreja de Santo Ambrósio, realizado em 1134, segundo o historiador italiano **Pietro Verri** (1728-1797). Nele, consta, inclusive, a descrição da receita. Os austríacos popularizaram essa iguaria, muito parecida com a receita austríaca *wiener schnitzel*, quando ocuparam a Itália no século XVIII.

A **bisque** é uma clássica sopa cremosa que surgiu na região de Biscaia, na Espanha, por obra dos pescadores. No início, era feita com as cabeças e as carapaças de crustáceos que sobravam nas redes de pesca. A partir do século XVII, passou a nomear uma sopa elaborada com pombos, cristas de galo, cogumelos, timo e fundos de alcachofras. Foi um dos pratos servidos no jantar de comemoração do dia de São Luís em agosto de 1690, com a presença de **Luís XIV** (1638-1715). O menu do jantar ficou a cargo de **François Pierre La Varenne** (1618-1678), famoso **chef** francês, autor do livro *Le cuisinier François*, que traz, pela primeira vez, receitas de **molhos** clássicos, de *bisque* e dos *roux*.

No início do século XVI, cansados dos baixos preços oferecidos a seus pescados, pescadores marselheses preferiram cozinhá-los em um grande caldeirão em sinal de protesto a negociá-los por preços irrisórios. O protesto gerou a **bouillabaisse**, que, com o passar do tempo, foi acrescida de moluscos, camarões, polvo e outros frutos do mar, além de raspas de laranja. Na elaboração dessa sopa, podem entrar até quarenta tipos de pescados, segundo **Jean-Baptiste Reboul** (1862-1926)**,** autor do livro *La cuisine provençale*, que vendeu 250 mil exemplares, ao longo de 24 edições.

A **canja de galinha** é uma criação indiana, do malaiala *kenji*, descoberta pelos portugueses no século XVII, ao estabelecer o domínio de Goa, na Costa Malabar, na Índia. Era um caldo quente e salgado, com ou sem arroz. Foi enriquecida com tiras de carne de **galinha** pelas mãos dos portugueses. "Alimento histórico para doentes e paladares arredios ao comer", segundo **Câmara Cascudo**, é uma comida gostosa, nutritiva e de fácil **preparo**. Para **D. Pedro II** (1825-1891), o Magnânimo, seu maior entusiasta e apreciador, tanto fazia se era canja de galinha ou de macuco. Tomava canja diariamente, chegando, em inúmeras ocasiões, a ser o prato principal de suas **refeições**, quando não o único. **Theodore Roosevelt** (1858-1919)**,** presidente americano, em visita ao Brasil, em 1913, se alimentava com esse prato no almoço e no jantar. Ora canja feita com galinha, ora com jacutinga ou jacu, os dois últimos caçados pelo marechal **Cândido Rondon** (1865-1958), fato narrado no livro *Cozinha do arco-da-velha*, mas essa é outra história.

O **carpaccio** foi inventado por **Giuseppe Cipriani**, proprietário do Harry's Bar, em Veneza, em 1950, para atender a uma cliente, a condessa **Amalia Nani Mocenigo**, submetida à severa dieta. O nome foi uma homenagem ao pintor **Vittore Carpaccio** (1460-1526), que coloria suas telas com tons suaves de vermelho e amarelo (cores do carpaccio). A receita original manda cortar em lâminas finíssimas uma peça de contrafilé, que são dispostas no prato como um leque, acompanhadas de um molho à base de **mostarda**, **maionese**, limão, molho inglês e **sal**. Com o passar do tempo, a iguaria ganhou variantes como o uso do **salmão**, hadoque e legumes, além de molhos diversos.

Embora o nome leve a crer, o **chop suey** não teve origem na China. Foi criado por **Joseph Suey**, emigrado do Cantão, no restaurante de sua mãe em São Francisco, Califórnia, no ano de 1921. O prato é preparado com tiras de carne de galinha ou de porco, legumes picados, cogumelos, brotos de bambu e de feijões e molho de soja.

Diz a lenda que, há dois mil anos, na região de Auvergne, ao sul da França, guerreavam o exército romano de **Júlio César** (100 a.C.-44 a.C.) e do gaulês **Vercingetórix**, pelo domínio da província. Os invasores romanos se mostraram mais fortes, e os gauleses tiveram de recuar. Simbolizando sua rendição, Vercingetórix enviou um galo de briga para César. O presente virou o prato principal do jantar entre vencedor e vencido, batizado de **coq au vin** (galo ao **vinho**). A iguaria tornou-se conhecida internacionalmente graças ao escritor de romances policiais, o belga **George Simenon** (1903-1989). Ele incluiu o coq au vin entre os pratos que a protagonista de seus romances policiais, **sra. Magret**, preparava para seu marido.

Crevettes à la Newburg, prato elaborado com camarões salteados na manteiga, acrescido de molho à **armoricaine**, *fumet* de peixe e xerez, criação do chef parisiense **Alfred Prunier**, (1848-1925), foi vítima de um cliente oportunista e milionário do restaurante Delmonico, de Nova York. **Thomas Wenburg**, o cliente em questão, conheceu o prato na França e, de volta aos Estados Unidos, convenceu **Delmonico** a incluí-lo em seu cardápio, com uma ligeira inversão das três primeiras letras do nome da iguaria – de Wenburg para Newburg. Quis o acaso, tempos depois, que **Émile Prunier**, filha do verdadeiro autor, em visita ao Delmonico, descobrisse a armação. Protestos feitos e autorias esclarecidas, Delmonico restabeleceu o nome original e tratou de proibir a entrada de Wenburg em seu restaurante.

Alguns historiadores creem que a origem da **feijoada** tem a ver com receitas portuguesas das regiões da Estremadura, das Beiras e de Trás-os-Montes e Alto Douro, onde o porco é alimento essencial. Dele, aproveita-se tudo, inclusive pés, orelhas e rabo que são salgados e cozidos com feijão-branco. Essa feijoada transmontana existia muito antes de o Brasil ser descoberto. Nada a ver com aquela história de que os senhores mandavam os "restos" dos porcos para a senzala, no tempo da escravatura. Mesmo porque escravo custava muito caro para ser maltratado. Câmara Cascudo, autor da *História da alimentação no Brasil*, defende que seria uma adaptação de cozidos europeus como a caldeirada portuguesa; o *puchero* espanhol; o *cassoulet* francês ou a *casoeula* italiana. Seja como for, por aqui, a feijoada já era bem conhecida no início do século XIX. Em anúncio publicado no *Diário de Pernambuco* de 7 de agosto de 1833, o Hotel Théâtre comunicava que, às quintas-feiras, seria servida feijoada à brasileira. Em 1848, o mesmo *Diário de Pernambuco* anunciava a venda de carne de toucinho, própria para feijoadas, a 80 reis a libra.

Segundo afirma **Caloca Fernandes** em seu livro *Viagem gastronômica através do Brasil*:

> No Rio de Janeiro, a feijoada recebeu as bênçãos alegres do feijão-preto que, muito provavelmente, pode ter sido introduzido por uma escrava na cozinha de sua senhora, numa hora de aperto em que não tivesse encontrado o branco... A troca foi das mais felizes, e a **feijoada carioca**, conhecida em todo o mundo como brasileira, é o nosso prato nacional, sucesso em todas as mesas, festa obrigatória em todos os sábados em muitas de nossas cidades.

Para homenagear **Arthur Wellesley** (1769-1852), estadista e general britânico que derrotou **Napoleão Bonaparte** na batalha de Waterloo, em 18 de junho de 1815, nos campos de centeio da Bélgica atual, foi criado o **filé à Wellington** cujos ingredientes são: filé-mignon, **foie gras**, cogumelos, manteiga e **massa folhada** para empanar.

A maioria dos historiadores gastronômicos avaliza que o **filé Chateaubriand** foi criado pelo cozinheiro **Pierre de Montmireil**, em homenagem a seu patrão, o visconde **François-René--Auguste de Chateaubriand** (1768-1848), diplomata e grande escritor francês, logo após a publicação de sua obra *L'Itinéraire de Paris à Jerusalém*, em 1811. O prato consiste em uma porção de filé-mignon, retirada do centro do filé, entre 3cm e 5cm, e peso variando de 300g a 400g, grelhada na manteiga, devendo ficar crocante por fora e vermelha por dentro, servida com molho Madeira e cogumelo-de-paris. Na França, é servida com molho **béarnaise**. Outra versão sustenta que seria fruto da culinária da cidade de Châteaubriant, no Vale do Loire, famosa pela qualidade de seu gado, na França. Por iniciativa dos habitantes locais, em 1994, foi criada a Academie du Chateaubriand, que possui mais de 25 diferentes receitas de preparo do filé e tem como objetivo defender a paternidade do prato.

O **filé de poisson Waleska** foi criado originalmente para homenagear o conde **Alexander Walewski** (1810-1868), filho de Napoleão Bonaparte com a condessa **Maria Walewski** (1769-1852), nascido em 1810. Ressentido com o tratamento dispensado à sua mãe pela aristocracia francesa, ao ganhar o prato do chef **Alain St. Georges**, Alexander transferiu a homenagem à sua mãe. De preparação requintada, o prato é elaborado com um filé de **linguado** recoberto com fatias de lagosta e lâminas de trufas, e banhado com molho **mornay**.

O foie gras está associado à França, mas as indicações de sua origem apontam para o Egito antigo, quando os egípcios, observando a maneira como os gansos armazenavam a gordura do corpo e aproveitando a tendência natural que as aves têm de sair comendo tudo que veem pela frente, resolveram alimentá-los com bolotas de farinha e água. A prática chegou ao Mediterrâneo e ganhou, no século V a.C., referências do poeta grego **Cratino** sobre os "engordadores de gansos", mas foram os romanos que aperfeiçoaram essa dieta ministrando-lhe **figos** frescos, uma invenção atribuída a **Apicius** (30 a.C.-37 d.C.), para tornar o fígado mais adocicado. Hoje em dia, apesar dos protestos de entidades de proteção aos animais, o processo de alimentação forçada, o chamado *gavage*, continua o mesmo. Com a ajuda de um longo funil introduzido goela abaixo, os criadores vão empurrando a ração à base de **milho** e gordura de porco – alguns deles chegam a incluir nozes – até o estômago da ave. São ministrados cerca de 750g por vez, duas ou três vezes ao dia, durante três a quatro semanas. Frequentemente, uma faixa de borracha é amarrada ao pescoço para não deixar que a ave vomite. O fígado, que, em seu estado normal, pesa cerca de 120g, pode passar de 1,3kg. Depois de abatida a ave, seu fígado é retirado manualmente, descartando-se o fel, os nervos e as artérias. O aspecto final é amanteigado e brilhante, mais rosado se for de ganso e mais escuro se for de pato. Os melhores foie gras são os franceses da Alsácia e do Périgord. Atualmente, a França abate 800 mil gansos e 35 milhões de patos por ano e é responsável pela fabricação de 80% do produto no mundo. Desde 2005, o foie gras é patrimônio nacional francês.

Para solucionar um problema de superprodução de queijos e evitar o desperdício, povos dos Alpes suíços se uniram e criaram a solução: derreter o excedente em um enorme caldeirão e acrescentar Kirsch, destilado local de cerejas, para melhor conservá-lo. A fim de experimentar a novidade, alguém resolveu espetar um pedaço de **pão** e mergulhar no queijo. Surgia, assim, a **fondue**, nas palavras de **Brillat-Savarin** (1755-1826), um prato saudável, saboroso, apetitoso e de rápida preparação. Com o passar do tempo, apareceram variações: a *bourguignonne*, de origem francesa, à base de carne frita em óleo e acompanhada de vários molhos; à chinesa, à base de carne de boi, porco, peito de galinha e pedaços de peixe, acompanhada de vegetais frescos; a de **frutas** com **chocolate**, criada na década de 1950, pelo chef **Conrad Egli**, do restaurante Chalet Suisse, em Nova York.

O **gazpacho** nasceu em Sevilha, na Andaluzia, onde era a comida das camadas mais pobres da população, sendo originalmente uma pasta de pão, **alho** e **azeite** feita em uma tigela de madeira chamada *dornillo*. Daí evoluiu para um creme ainda à base de pão que levava pedaços de anchova, alho, **vinagre**, açúcar, sal e azeite chamado Capon de Galera. A chegada do **tomate** à Europa, no século XVI, e o acréscimo da **cebola** e do pepino no século seguinte incrementaram o creme que passou de "comida de pobre" a "petisco de rico". Cada região da Espanha tem diferentes receitas do prato. Em Antequera, é preparado com maionese caseira, suco de limão, claras de ovo, alho e amêndoas. Em Málaga, leva caldo de vitela. Em Granada, é feito com cominho, e o pão é servido por cima do creme. Em Jerez, é oferecido com fatias de cebola crua e, em Cádiz, é consumido quente, no inverno. **José Briz**, cozinheiro espanhol, que escreveu o único livro existente somente sobre gazpacho, atribui seu nome a uma derivação da palavra hebraica *gazaz*, com o sentido de quebrar em pedacinhos, fragmentar o pão.

O **goulach** ou *gulyás* (pastor, em húngaro) é um ensopado de carne, vegetais e cebola roxa cozidos em um caldeirão de ferro, o *bogracs*. O nome vem dos guardadores de **vacas** magiares (*gulyás*), que habitavam a região da Europa onde hoje é a Hungria, no século IX. No século XVI, a **páprica**, recém-chegada à Europa, foi adicionada à receita. Na Itália, ganhou mais um ingrediente: a batata. A rainha **Maria Antonieta** (1755-1793), de passagem pela Hungria, provou e adorou o goulach, e levou a receita para a França, onde adquiriu sua forma definitiva.

A estreia do **hambúrguer** deu-se no restaurante Delmonico, na Wall Street, em 1834. No cardápio, aparecia pela primeira vez o Hamburguer Steak, levado por um imigrante alemão cozinheiro. Conta **Breno Lerner**:

> Em 1885, **"Hamburger" Charlie Nagreen de Seymour**, um garoto de 15 anos, teve a ideia de fazer os bifes circulares para melhor caberem no pão de fôrma e serem consumidos durante os jogos de baseball. O hambúrguer consagrou-se na Feira Mundial de St. Louis, em 1904. Um texano chamado **Fletcher "Old Dave" Davis** montou uma barraquinha de hambúrgueres, adicionou cebola e as colocou dentro de fatias de pão.

Foi uma das sensações da feira.

Em 1921, o cozinheiro **Walter Anderson** (1880-1963) fundou a lanchonete White Castle, com uma novidade: pão de hambúrger, redondo como o bife, vendido a US$0,05. Em 1954, a

lanchonete The Rite Spot, em Pasadena, Califórnia, colocou umas fatias de queijo no **sanduíche**, lançando o **cheeseburger**.

De paladar apurado e sensível aos desejos femininos, **Casanova** (1725-1798) tenta adivinhar quais iguarias podem favorecer suas conquistas.

Uma loura graciosa tende a preferir as comidas adocicadas, cremosas, suaves, os frutos do mar, os **peixes** na manteiga, as **aves**, as verduras frescas, os queijos não muito picantes. Aprecia, sobretudo, o **champanhe** e os vinhos brancos mais leves.

No seu entender, as morenas,

mais vivazes e provocantes, amam os sabores fortes dos embutidos apimentados, das **ostras** com limão, dos **doces** recheados, da carne vermelha, dos *risotti*, das hortaliças de perfume intenso, dos queijos fortes, do chocolate. Os vinhos para as morenas devem ser tintos, como Bourgogne e Bordeaux, eventualmente um branco seco e champanhe.

Quanto às ruivas,

a pele sensível as leva a optar por alimentos requintados e leves, mas, por outro lado, o temperamento as aproxima do fogo. Vulcânicas e caprichosas, são muito atentas à apresentação e à consistência das iguarias. Preferem vinhos brancos secos, os Côtes du Rhône leves, um *rosé* fresco. E champanhe, sempre.

Trecho de seu livro *Memórias*, publicado pela primeira vez no século XIX.

Jambalaya, prato tradicional da culinária *creole*, é a mais célebre receita do sul da Louisiana e de sua principal cidade, New Orleans. *Jambalaya* vem de *jambon* (**presunto**, em francês) e de *ya* (arroz, em dialeto africano). Combina arroz cozido com tomates, cebolas, **pimentas-verdes**, carnes distintas ou frutos do mar. Cada família da Louisiana tem uma receita própria desse prato.

Knödel é um bolinho recheado de carne ou fígado moído, de massa muito leve, apreciados na Áustria, na Alemanha e na Itália, onde é chamado de *canerdeli*. **Wolfgang Amadeus Mozart** (1756-1791) adorava knödel recheado com fígado de vitela.

Segundo o *Dictionnaire de l'académie des gastronomes*, a **langouste à thermidor** foi criada na noite de estreia da peça teatral Thermidor, drama de **Victorien Sardou** (1831-1908), em janeiro de 1891, no restaurante Maire's, situado no Boulevard Saint-Denis, em Paris. Já a *Larousse Gastronomique* atribui essa criação ao chef **Antoine Girod**, do restaurante Café de Paris, entre os anos de 1897 e 1923. O prato é preparado com carne de lagosta cortada em cubinhos, misturada com *fumet* de peixe, manteiga, **estragão**, **cerefólio** e cebolinha roxa, mostarda francesa, molho *bercy* (ou *mornay*, ou **béchamel**) e xerez, acrescida de queijo *gruyère* e levada ao forno, em sua carapaça, para gratinar.

Comida feita pelos índios brasileiros que se tornou prato típico da cozinha brasileira, a **moqueca** tem raiz nos peixes enrolados em folhas verdes e colocados na brasa para moquear. Com a colonização, vieram os africanos, que adicionaram o **azeite de dendê** e o leite de coco. Portugueses e espanhóis acrescentaram o pimentão, a cebola, o tomate e o **coentro**, e, assim, surgiu a moqueca baiana. No Espírito Santo, a **moqueca capixaba** usa azeite doce e **urucum**, em vez de azeite de dendê e leite de coco. A primeira menção da moqueca em um documento histórico foi em uma carta do padre português **Luís de Grã**, datada de 1554: "Quando se dispunham a comer carne humana, os índios assavam-na na labareda", segundo **Ivan Alves Filho**, em *Cozinha brasileira, com recheio de história*. Em 1584, outro padre, **Fernão de Cardim** (1549-1625), comenta que eram "moqueados" peixes, batatas, cará, mangará (taioba) e outras frutas da terra.

Para comemorar a vitória das esquadras francesas, inglesas e russas, contra a frota turca egípcia, na guerra pela independência da Grécia, na Batalha de Navarino, em 20 de outubro de 1827, foi servido um ensopado de carneiro com vegetais picados que acabou recebendo o nome de **Navarin**. O cozinheiro apenas substituiu o arroz por vegetais coloridos e variados. Desde então, outros ensopados com ingredientes diferentes passaram a receber a mesma denominação.

Iguaria do tempo da dinastia Ming (1368-1644), o **ninho de andorinha** é um dos ingredientes mais valorizados na cozinha chinesa. As aves que fazem esse ninho vivem em penhascos do mar da China, nas costas de Cingapura, Indonésia e Bornéu. São aves de espécie marinha, conhecidas como *yen yen*. Constroem seus ninhos usando sua secreção gástrica – substância viscosa e transparente, rica em proteínas, a mesma que usam para alimentar seus filhotes –, além de utilizarem algas marinhas e gravetos. Os ninhos são depositados em fissuras das falésias e grutas do litoral, o que torna sua captura difícil e perigosa, e explica o alto preço que os ninhos alcançam: US$200 por 50g.

Prato típico espanhol, a **paella** é invenção masculina do século XVI. Quando saíam cedo para trabalhar, os camponeses da região de Valência tinham o hábito de levar um pequeno carregamento com arroz, azeite, sal e um utensílio redondo, raso e com alças, a *paellera*. Na hora do almoço, saíam para caçar lebre, pato ou o animal que estivesse por perto, e colhiam laranjas – a madeira da árvore dessa fruta servia como lenha para o fogo. Misturavam tudo e estava pronto o prato que se adaptou de forma diferente em cada região. Surgiram, então, três variedades de *paella*: a valenciana, que mistura ave, porco, boi e mariscos; a *mariñera*, com peixes e frutos do mar; e a negra, com tinta de lula. Existe, ainda, uma versão que usa o **macarrão** quebradinho em vez de arroz, a *fideuà*. Hoje, são mais de mil variações. A bem da verdade, cada espanhol tem uma receita de *paella* – referem-se a ela como a *la muy nuestra paella*.

Reza a tradição que sua preparação compete apenas ao homem – e somente aos filhos homens deve ser transmitido o conhecimento sobre esse prato.

Certamente, só sabemos que sua receita é antiquíssima. Data do século I, segundo registro do gastrônomo romano Apicius, autor do receituário *De re coquinaria*, coletânea de 468 receitas. Já naquele tempo, as **panquecas** eram feitas com uma mistura de **leite**, água, **ovos** e um pouco de farinha. Cozidas no ferro quente, iam à mesa com mel e pimenta. Franceses e italianos reivindicam sua origem. O nome em francês, *crêpe*, deriva do termo *crispus* em latim, que significa crespo. Em italiano, são chamadas de *crespelle* e, na Rússia, *blinis*. Na Inglaterra, há uma curiosíssima passagem, registrada por **Alan Davidson** (1924-2003) em seu *The Oxford companion to food*: a corrida das panquecas, um evento realizado na pequena cidade de Olney, em Buckinghamshire, Inglaterra, nos idos de 1400. Apenas donas de casa locais podiam participar da disputa. Tinham de fazer as panquecas com as próprias mãos – badaladas dos sinos da igreja davam início ao preparo das massas e, mais tarde, à largada da corrida. De avental, lenço ou chapéu na cabeça e frigideiras em punho, as senhoras da aldeia corriam por um trajeto de 380m com as panquecas na panela. Durante o percurso, precisavam atirar três vezes a massa para o alto e pegá-la de volta. O prêmio para tanto esforço proporcionava o caminho dos céus: um livro de oração.

Em 24 de fevereiro de 1525, após ter sido derrotado por **Carlos V** (1500-1558) da Espanha, na Batalha de Pavia, **Francisco I** (1494-1547), rei da França, um pouco antes de ser feito prisioneiro, foi reconfortado com uma sopa preparada pela dona da casa onde estava refugiado, nos arredores de Pavia, na Itália. A simples e deliciosa sopa **pavesa**, servida ao rei, é um caldo de carne com fatias finas de pão, um ovo por cima e muito queijo parmesão salpicado.

George Washington (1732-1799) foi um dos fundadores e o primeiro presidente na história dos Estados Unidos da América. Enfrentou os britânicos e ajudou a conquistar a independência norte-americana. Homem rico, de reputação irrepreensível, com experiência militar, Washington era conhecido por ser um organizador talentoso e um homem de determinação e caráter firmes. As mais notáveis realizações militares de George Washington foram sua corajosa travessia do rio Delaware para debandar as tropas britânicas inimigas em Trenton, na noite de Natal do ano de 1776, e sua capacidade de manter seu exército unido para suportar o inverno amargamente frio de 1777-1778, no Vale Forge, na Filadélfia, sofrendo com a falta de comida, roupa e materiais. Reunindo o que restava – pimenta, restos de carne e tripas –, o cozinheiro preparou uma sopa para alimentar os soldados e deu o nome de **Philadelfia pepper pot**, em homenagem à sua terra natal.

Os gregos podem ter sido os inventores da **pizza** há 2 mil anos. Preparavam-na usando não só a farinha de trigo, mas também de grão-de-bico ou de arroz. Assavam-na sobre as cinzas do pinheiro-silvestre, o *picea* – daí seu nome –, em tijolos quentes; temperavam com sal, **ervas** e azeites e consumiam a toda e qualquer hora. Gregos passaram essa receita aos etruscos, povos que viviam nas atuais regiões da Toscana e da Úmbria, e estes aos romanos. A pizza varia na grafia e na pronúncia, na Itália. Na Calábria, chamam-na de *pitta* ou *petta*. Na região de Veneza, de *pinza*. Foi em Nápoles que a pizza conheceu o tomate, levado à Europa depois da viagem de Colombo, e passou a ser preparada apenas com farinha de trigo. Ali também nasceu a **pizza margherita**, criação de **Raffaele Esposito**, conhecido como **Naso'e Cane** (nariz de cachorro), em 11 de junho de 1871, para homenagear a rainha **Margherita di Savoia** (1851-1926), no Palácio Real de Capodimonte, em sua primeira visita a Nápoles com o marido, o rei **Umberto I** (1844-1900). A receita levava **mozarela**, tomate e **manjericão**, reproduzindo nos ingredientes as três cores da bandeira italiana: branco, vermelho e verde. Acabou conhecida pelo nome da própria rainha – Margherita. **Francesco Tarallo**, imigrante italiano, a trouxe para o Brasil, em 1957, ao inaugurar a pizzaria A Esperança, em São Paulo.

A pizza do Gordon Ramsey's Maze, em Londres, coberta com trufas brancas, cogumelos e queijo Fontina, custando por volta de £100, ganhou concorrente. **Nino Salimaj**, proprietário do Nino's Bellissimo, em Nova York, criou uma pizza recheada com quatro tipos de **caviar**, lagosta, salmão selvagem e queijos especialmente importados, coberta com pó de ouro 14 quilates. Batizada de **luxury pizza**, para saboreá-la, basta desembolsar US$1 mil.

Pommes Anna (batatas Anna) é um prato feito no forno com bastante manteiga. As batatas são cortadas em rodelas bem fininhas, comprimidas umas às outras e, enquanto assam, são reviradas várias vezes, até dourarem. Criação de **Adolphe Dugléré** (1805-1884), dedicada a **Anna Deslions**, uma cortesã do segundo império, frequentadora assídua dos salões do Café Anglais de Paris.

Durante a Guerra dos Cem Anos, o pequeno exército inglês do rei **Eduardo III** (1312-1377) derrotou os soldados franceses do rei **Philipe de Valois** (1293-1350), na Batalha de Crécy, na Normandia, em agosto de 1346. A batalha, na qual se fez a primeira utilização do mortal arco inglês, é considerada uma das mais decisivas da História. A **potage crécy**, sopa elaborada com diversos legumes, principalmente cenouras, cortados em pedacinhos, recebeu esse nome para lembrar o que teria ocorrido aos soldados franceses.

Após a vitória sobre os soldados austríacos na batalha de Marengo, no norte da Itália, em 14 de junho de 1800, o imperador francês Napoleão Bonaparte (1769-1821) resolveu comemorar o feito. E que feito! Vinte e oito mil soldados franceses derrotaram 40 mil austríacos. Ordenou a seu cozinheiro, o chef suíço **Denis Dunand**, que preparasse um jantar. Estando a despensa totalmente desprovida, uma vez que a carroça com os mantimentos havia desaparecido, Dunand solicitou a seus ajudantes que recolhessem o que encontrassem nas casas da vizinhança. Tudo o que eles encontraram foram um frango, três ovos, quatro tomates, umas cabeças de alho, azeite, seis camarões de rio e uma panela. Com esses poucos ingredientes, acrescidos de uma dose de conhaque que o imperador levava em uma garrafinha de ouro, o chef preparou o **poulet sauté Marengo** (frango à Marengo). Alguns autores defendem que o prato teria sido criado em Paris, na estalagem La Grâce de Dieu. Outros na cidade de Hadjout, na Nigéria (chamada Marengo há duzentos anos).

Quiche Lorraine é uma torta clássica da cozinha francesa, inspirada no *chen* (bolo, torta em alemão). Sua origem data do século XVI, na cidade de Nancy, quando era chamada *féouse*. A tradição exige que seja preparada com a massa de **brioche** e recheada com ovos batidos, toucinho e creme de leite frescos. Somente. Nada de queijo, por favor.

Diz uma lenda que, no mosteiro de Ob-und-Nidwaldem na Suíça, **Guilherme Tell**, herói lendário do século XIV, já se deliciava com o *bratchäs* (queijo assado), como a *raclette* era antigamente chamada. Nascida entre os camponeses e vaqueiros do Cantão de Valais, na Suíça, só adquiriu esse novo nome, do verbo *racler* (raspar, em francês), no início do século, durante a exposição Cantonal du Valais, de 1909. Os camponeses colocavam pedaços de queijo sobre uma pedra perto do fogo e, quando começavam a derreter, raspavam-nos com uma **faca** para colocá-los sobre um pedaço de pão. O queijo ideal para *raclette* tem o mesmo nome do prato e é produzido no próprio Cantão do Valais. Na sua falta, pode ser usado o *tilsit*, o *fontina* ou o *gruyère*.

O *risotto alla milanese* foi criado há mais de quatrocentos anos. A catedral Del Duommo, de Milão, estava no final de sua construção, após duzentos anos de obras. Um dos mestres artesãos contratados era **Valerius de Flandres** (1533-1600), verdadeiro gênio na mistura de ingredientes para obter cores. Seus colegas tinham especial inveja por seu amarelo puríssimo, obtido com base no **açafrão**. Tanto é que o apelido de seu pupilo encarregado das misturas de cores na obra era **Zafferano**. Pois bem, no mês de setembro de 1574, casava-se a filha de mestre Valério, e Zafferano, em homenagem à arte do mestre, preparou um risoto com açafrão, que foi literalmente devorado até o último grão pelos convidados. Ficou para a História a obra-prima desse anônimo cozinheiro, que alguns alegam ter sido mera obra do acaso. Contam que, na verdade, um dos ajudantes de Valério deixou cair inadvertidamente um pacotinho de pistilo de açafrão em uma panela de arroz que, depois de pronto, ganhou tonalidade dourada e delicioso sabor.

Soubise designa um purê de cebolas, preparado com manteiga, creme, arroz ou molho béchamel. Criação do chef **Constant** em homenagem ao famoso **gourmet**, marechal **Charles de Rohan**, príncipe de Soubise (1715-1787).

O **stroganov** ou **strogonoff** tem origem na Rússia, no século XVI, quando os exércitos dos czares tinham de percorrer imensas distâncias sem chances de conseguir comida no caminho. Levavam imensos barris, em lombos de animais, cheios de carne cortada em tiras longas e grossas, imersas em sal grosso e **aguardente**. Na hora da fome, retiravam aquela carne e a cozinhavam com cebolas em creme azedo. No século XVII, um cozinheiro do czar **Pedro, o Grande** (1672-1725), resolveu incrementar a receita e acrescentou tomates maduros. Já no século XIX, o prato ganhou notoriedade quando um cozinheiro francês chamado **Thierry Costelet** resolveu incrementar a receita com ingredientes europeus: *champignons*, mostarda alemã e páprica húngara. Levada à França, durante a Revolução Bolchevista, em 1917, pelos nobres russos refugiados, ganhou notoriedade mundial. Segundo a *Larousse Gastronomique*, o nome pode ser derivado do verbo *strogat*, que, em russo, significa algo como "cortar em pedaços".

A origem do **sushi** está no sudeste da Ásia, onde os pescadores usavam o arroz cozido (*gohan*) para preservar os peixes crus durante o transporte, porque sabiam que o arroz liberava o ácido acético e láctico, que garantiria a qualidade por mais tempo. Esse mesmo processo foi adaptado no Japão no século VII, em que mais de um método de preservação de peixes tornou-se ícone da culinária japonesa. Em Bornéu, na Malásia Oriental, descobriu-se uma tribo que há séculos prepara um prato similar ao sushi, o *kassan*. Algumas variedades de sushi pouco conhecidas no Brasil:

❖ **Bo-sushi**: arroz enformado em barra e recoberto com peixe temperado.
❖ **Chirashi-sushi**: arroz com legumes temperados e mariscos.
❖ **Inari-sushi**: com fatias de tofu frito, depois cozido em um molho doce e recheado de arroz.
❖ **Maki Sushi** ou **Kansi Sushi**: recheios variados (peixes, crustáceos, frutas, legumes) com arroz enrolados em folhas secas de alga marinha.
❖ **Mushi-sushi**: arroz com legumes temperados e mariscos, aquecido no vapor e servido quente.
❖ **Oshi-sushi**: arroz prensado em um recipiente de madeira, com peixe, lula, camarão e cogumelos.

O brasileiro também acrescentou ingredientes de sua cultura a esse prato. Hoje, é muito comum a preparação de sushis com condimentos que não tenham sua origem no Japão, como o uramaki, o sushi de **caranguejo**, o califórnia, entre outros.

As **tapas** surgiram na Andaluzia, mais precisamente na região de Jerez. O nome vem das fatias de presunto, de lombo curado ou outros embutidos que alguns donos de taverna usavam como tampas (*tapas*) para as jarras de vinho, para protegê-las das moscas. Hoje, designa pequenos petiscos que podem ser comidos com as mãos, enquanto se saboreia uma taça de vinho. Variam de natureza conforme a região da Espanha. No norte, são principalmente mariscos. No sul, são feitos à base de pescados. No leste, são mais comuns os legumes. *Patatas bravas*, *calamares en su tinta*, *pão com tomate y jamón* são algumas das tapas mais tradicionais.

Marinheiros alemães travaram contato com o **tartar steak** ou **bouef tartare**, no Oriente, no século XIV, e, ao levá-lo para casa, deram o nome *hamburger* em homenagem a seu porto de saída, Hamburgo. O nome *tartare* foi erradamente atribuído por franceses, imaginando uma origem mongol ao hábito de se comer carne crua. Segundo afirma Breno Lerner:

> Na verdade, o consumo do *bitki*, um bife de carne crua moída de boi ou cavalo, temperado apenas com sal e pimenta, era um antigo hábito russo. De todo modo, os alemães o levaram para o Ocidente – o que explica por que o Tartar Steak é um prato típico de muitos restaurantes alemães – e em algum momento acabaram por grelhá-lo.

No século XVI, os missionários católicos portugueses introduziram no Japão o costume de comer peixes, vegetais e frutos do mar, empanados e fritos, pois, durante as têmporas – período de jejuns e preces que se repetiam uma semana em cada estação do ano e nas sextas-feiras, nas vésperas de festas religiosas, segundo o calendário eclesiástico –, eles se abstinham de comer carne. Os alimentos eram fritos à maneira dos japoneses – envolvidos por uma fina camada de massa e fritos em óleo bem quente –, que passaram a denominar o prato de **tempura**. Apesar de os missionários terem sido expulsos em 1638, a tradição e a denominação foram mantidas, criando, inclusive, pratos derivados ou combinados, como o tempura-soba (camarões, pimentão e cogumelos empanados, servidos com soba).

Nos Estados Unidos, é chamado *glazed ham* (presunto caramelizado). No Brasil e, somente no Brasil, **tender**. Trata-se do pernil de porco defumado, um dos pratos mais tradicionais do nosso Natal. O nome vem de *tender made* (feito com carinho), expressão inglesa impressa na embalagem do produto que era importado pelo extinto frigorífico Wilson, na década de 1950.

The fortress stilt fisherman indulgence, uma das sobremesas mais caras do mundo, segundo pesquisa da *Forbes Traveler*, é uma cassata italiana com *Irish cream*, servida com compota de **manga** e **romã**, e com calda de *sabayon de champagne*. A sobremesa é decorada com uma escultura de chocolate representando um pescador se agarrando a uma palafita (uma antiga forma de pesca local), e uma água-marinha de 80 quilates. Quem quiser saborear essa extravagância servida no *resort* The Fortress, no Sri Lanka, tem de desembolsar nada menos do que US$14.500.

The sultan's golden cake é um bolo recheado com **damasco**, marmelo, peras e figos marinados em rum jamaicano, por dois anos. É aromatizado com raspas de **trufas** negras, coberto com uma finíssima folha de ouro 24 quilates e servido em uma caixa de prata feita à mão. Encomendas com 72 horas de antecedência, no Ciragan Palace Kempinski, em Istambul. O preço do bolinho é US$1.100.

Gioacchino Rossini (1792-1868), compositor de óperas, gastrônomo, comilão e ótimo cozinheiro, exigiu que **Paul Chevreuil**, proprietário do Café Anglais, em Paris, preparasse um Chateaubriand coberto de foie gras e lâminas de trufa. Chevreuil, embora contrariado, encarregou seu chef **Marcel Magny** de executar o pedido. Sem graça, o chef preparou o prato virando as costas, *en tournant le dos*, para a mesa. Do gesto e do exigente cliente, nasceu o nome: **Tournedos Rossini**.

Em 1917, no hotel Ritz-Carlton, em Nova York, foi inaugurado o Roof Garden Restaurant. O chef francês, **Louis Diat** (1885-1957), frequentemente fazia uma sopa de batata e alho poró, receita de sua mãe **Annette Alajoinine Diat**. A lenda conta que no jantar de inauguração do **restaurante**, Louis Diat preparou a sopa com antecedência e esqueceu de aquecê-la. O mais provável, porém, é que como fazia calor decidiu servi-la fria adicionando creme de leite e ornando-a com cebolinha francesa picada. Chamou-a de Crême Vichyssoise Glacée em homenagem à cidade termal Vichy, na França, próxima à pequena cidade de Montmarault, onde nasceu. Com o passar do tempo ficou conhecida apenas como **Vichyssoise**.

Welsh rarebit, prato originário do país de Gales, ficou assim conhecido pelo fato de os camponeses ingleses serem proibidos de caçar como os nobres. Para substituir o coelho, rabbit em inglês, usavam queijo derretido. Welsh é o nome dado ao povo galês. O nome do prato originalmente era *welsh rarebits*, delícias gaulesas. Muitos anos depois, apareceu a brincadeira do coelho e alguns o chamavam de welsh rabbit.

Os cardápios de cada região do Brasil:

Norte:

❖ **Caldeirada de jaraquí**: peixe pequeno, saboroso e muito popular da região.

❖ **Cuia de tacacá**: espécie de bebida ou sopa, feita com goma de tapioca, caldo de **tucupi**, camarão seco salgado, folhas de jambu e **pimenta-do-reino**, servida em cuias.

❖ **Juruá-açu**, **capitari**, **tracajá**, **matamatá**, **cabeçudo** e **pitiú**: répteis terrestres e aquáticos da família da tartaruga.

❖ **Maniçoba**: prato feito com folhas de mandioca-brava trituradas no pilão e cozidas com toucinho, **mocotó**, bucho, linguiça, orelha e costela salgada. Prato trabalhoso, seu cozimento leva, no mínimo, 24 horas.

❖ **Mujanguê**: guloseima amazônica feita com ovos crus de tartaruga ou de tracajá ou de gaivota, misturados com farinha-d'água e **açúcar**.

❖ **Pamonhada**: pamonha recheada com linguiça calabresa cortada em rodelas ou com carne de porco cozida e queijo de minas.

❖ **Pato no tucupi**: pato preparado com tucupi, líquido amarelo extraído da raiz da mandioca-brava, e com jambu, verdura típica que, ao ser mastigada, anestesia a língua.

* **Pirarucu de casaca**: também chamado de "**bacalhau da Amazônia**", é um peixe de grande porte. Depois de frito, é desfiado em lascas e disposto em camadas que alternam bananas pacovan, ovos cozidos e farofa de uarini (farinha de **mandioca**), regada com leite de coco.
* **Tambaqui assado na brasa**: peixe típico, de carne muito saborosa, servido com arroz de jambu.

Nordeste:

* **Abará**: bolinho feito de massa de feijão-fradinho sem casca, envolto em folha verde de bananeira, cozido no vapor. É servido com molho de camarões secos.
* **Acarajé**: bolinho feito de massa de feijão-fradinho e camarão seco e moído, frito em azeite de dendê.
* **Arroz de cuxá**: arroz branco preparado sem tempero e com pouca água, misturado com cuxá (também conhecida como vinagreira ou azedinha), toucinho fresco e cheiro-verde.
* **Arroz de hauçá**: arroz branco bem cozido acompanhado de carne-seca frita, e de um molho de camarões secos, temperados com cebola, alho, azeite de dendê e pimenta-do-reino.
* **Baião de dois** ou **rubacão**: arroz, feijão-de-corda, queijo de coalho e manteiga de garrafa.
* **Bobó de camarão**: camarão em creme de mandioca, leite de coco e azeite de dendê.
* **Buchada**: cozido de bucho (estômago) de cabrito (bode ou carneiro).
* **Capiau**: **carne de sol** refogada e guisada com **macaxeira** cozida em pedaços.

❖ **Capote ao molho**: galinha-d'angola com arroz, temperada com pimenta-de-cheiro, leite de coco e urucum.

❖ **Carne de sol**: carne de boi, salgada e seca ao sol, servida frita ou assada na brasa, acompanhada de feijão-verde ou fava, farofa, macaxeira, batata-doce e manteiga de garrafa.

❖ **Caruru**: preparado com quiabo cortado em pedacinhos e cozido com camarão seco defumado, castanha de caju e amendoim torrados, cebola, alho e azeite de dendê.

❖ **Galinha de cabidela**: também conhecida como **galinha ao molho pardo**. O preparo manda guisar a galinha – ou seja, cozinhar no caldo que a ave vai soltando durante o cozimento – para, depois, adicionar o sangue colhido durante o abate.

❖ **Godó**: carne de sol, charque e bacon cortados em cubinhos acrescidos de bananas d'água cozidas, tomate e cebola.

❖ **Mão de vaca**: cozido preparado com as patas dianteiras da vaca, refogadas com temperos.

❖ **Munguzá**: sopa de milho branco cozido com leite de coco, cravo, canela e açúcar. Também conhecida nas regiões Sudeste e Sul como **canjica**. Quando engrossada com fubá de arroz é chamada de **munguzá de colher**.

❖ **Quibebe**: purê de abóbora com carne-seca desfiada, servido com farinha de mandioca.

❖ **Sarapatel**: guisado feito com sangue, tripas e fígado de certos animais, especialmente porco. Alguns o denominam sarabulho.

❖ **Vatapá**: prato de consistência cremosa, feito com pão, leite de coco, castanha de caju, gengibre, peixes e camarões refogados no azeite de dendê.

Centro-Oeste:

❖ **Arroz de pequi**: pequi é uma fruta de **polpa** amarela, proveniente de uma árvore nativa do cerrado. Empresta ao arroz aroma, cor e sabor bastante característicos.

❖ **Arroz de puta rica**: arroz branco, **feijão**, carne de sol, costelinha de porco defumada, linguiça calabresa, toucinho defumado, sobrecoxa de frango, azeitona verde, **palmito**, milho verde, ervilhas frescas e uvas passas.

❖ **Arroz Maria Isabel**: receita tipicamente goiana, feita com carne-seca em nacos e arroz.

❖ **Buré**: creme de milho verde com cambuquira (broto da flor de abóbora).

❖ **Empadão goiano**: massa com recheio de azeitona, lombo ou pernil de porco, peito de frango desfiado, **guariroba** (tipo de palmito levemente amargo), ovos cozidos e queijo de minas meia cura.

❖ **Linguiça de maracaju**: feita artesanalmente, leva carne bovina de primeira, cortada em cubos, além de alho, pimenta, sal, salsinha, cebolinha e suco de laranja.

❖ **Matula goiana**: paçoca de carne-seca no pilão com linguiça e torresmo.

❖ **Pamonha goiana**: pamonha salgada e misturada com queijo, com pimenta ou linguiça calabresa em pedaços.

❖ **Peixe na telha**: peixe feito em uma telha de barro e colocado no braseiro, servido com arroz e molho à base de cebola.

❖ **Salada de guariroba**: espécie de palmito, semelhante à **pupunha**, mas de sabor muito amargo.

Sudeste:

❖ **Afogado**: carne de vaca refogada, servida com farinha de mandioca e arroz branco.

❖ **Angu com quiabo**: massa de farinha de milho, mandioca ou arroz feita em água ou leite, servida com quiabo.

❖ **Arroz de suã**: espinha dorsal do porco (suã) cortada em cubinhos temperada com alho, vinagre, sal e pimenta-do-reino, acrescida de arroz.

❖ **Bacalhau à Gomes de Sá**: postas de **bacalhau** recobertas de cebolas, alho, batatas, ovos cozidos duros e azeitona preta levados ao forno até dourar.

❖ **Cuscuz paulista**: preparado no forno, é uma espécie de bolo salgado feito com tomates, palmito, ervilhas, cebolas, pimentões verde e vermelho, azeitona, camarões miúdos e ovos cozidos.

❖ **Feijão-tropeiro**: feijão-mulatinho cozido e refogado em banha de porco, acrescido de farinha de mandioca, servido com linguiça e torresmo.

❖ Feijoada carioca: feijão-preto, carne-seca, toucinho, costeletas, lombinho, rabos e orelhas de porco, músculo, alcatra, paio e linguiça calabresa.

❖ **Iaiá com Ioiô**: picadinho de carne (Iaiá) servido com angu de milho (Ioiô).

❖ **Maneco com jaleco**: costelinha de porco acrescida de couve rasgada e fubá.

❖ **Moqueca capixaba**: ensopado de peixe feito com azeite doce e urucum.

❖ **Tutu à mineira**: feijão-preto cozido, acrescido de farinha de mandioca, servido com linguiça frita.

❧ **Tutu de feijão**: purê de feijão-roxinho cozido com farinha de mandioca e servido com linguiça de porco.

❧ **Vaca atolada**: ensopado feito com costela de boi magra, acrescido de pedaços de **aipim** ou mandioca cozida.

Sul:

❧ **Arroz de carreteiro**: prato gaúcho, feito com charque acrescido de cebola, alho e temperos, misturado ao arroz cozido sem ser lavado.

❧ **Barreado**: na receita tradicional, é uma carne cozida no vapor, em panela de barro fechada com pirão de mandioca e enterrada no chão, com fogo aceso sobre ela.

❧ **Bijajica**: bolinho feito de polvilho, ovos e açúcar, frito em banha.

❧ **Boi atascado**: costela de boi e aipim cozidos.

❧ **Espinhaço de ovelha**: ensopado de pescoço e coluna vertebral de carneiro.

❧ **Tripa grossa**: precedida de uma demorada fervura para amaciar, a tripa pode ser servida na grelha ou no espeto, simples ou recheada.

A **carne de sol**, também chamada de **carne do sertão** e **carne de vento**, depois de cortada, é ligeiramente salgada e deixada em locais cobertos e bem ventilados. A secagem forma uma espécie de casca protetora que conserva a parte de dentro da carne úmida e macia. A **carne-seca**, também conhecida como **jabá** ou **carne do ceará**, é esfregada com bastante **sal** e empilhada em lugares secos. Constantemente, é mudada de posição, a fim de facilitar a evaporação. Depois disso, é estendida em varais, ao sol, para completar o processo de desidratação. O **charque**, nome dado à carne-seca no sul do Brasil, passa pelo mesmo processo, mas recebe maior quantidade de sal e de exposição ao sol.

A carne **kuroge wagyu**, que custa US$1.100 o quilo, provém de um bovino chamado Wagyu, que, desde bezerro, vive em baias pequenas, onde se movimenta pouco, o que mantém a musculatura e as carnes mais suculentas. Alimenta-se de cevada e soja e bebe muita **cerveja**. Sim, cerveja. Principalmente no verão, quando perde o apetite. Três vezes ao dia, ao som de música clássica, recebe uma massagem com saquê para deixar o pelo brilhante. É originário da região de Hyogo, onde fica a cidade de Kobe, no Japão. Até meados do século XIX, essa raça era usada apenas para puxar carros de boi no cultivo de **arroz**. O consumo começou com a Revolução Meiji, de 1868, que marcou a abertura do Japão para o mundo, quando os japoneses descobriram as características únicas da carne e desenvolveram métodos especiais para potencializar essas qualidades.

O **mocotó** é gaúcho, surgiu nas charqueadas, estâncias e estalagens, afirma **Rodrigo Leitão**. E continua:

Os escravos das estâncias gaúchas começaram a comer mocotó, extraído da pata do boi e da vaca, porque viram que esse tipo de alimento dava sustância para eles trabalharem. O fato relevante dessa receita é que depois que os escravos passaram a se alimentar de mocotó, caiu muito a morte de negros no trabalho. Vendo que os bebês escravos e os negros da lavoura não ficavam mais doentes, as mulheres dos fazendeiros levaram esse prato para a casa grande e, assim, começaram a fortificar seus filhos e maridos.

Baby Pignatarari (1917-1977), playboy e industrial, em uma de suas idas à churrascaria Bambu, em São Paulo, teria descoberto a **picanha**, casualmente, quando aceitou provar um novo corte proveniente da Argentina, que havia chegado por engano em uma remessa de carnes. Baby gostou e quis saber do churrasqueiro, também argentino, de que parte do boi se originava tão suculenta e saborosa carne. Ele respondeu "de esta parte donde se pica la aña", ou seja, onde o carreteiro *pica* (fere) o boi com a *aña* – palavra argentina que significa haste de madeira com ponta de ferro usada para atiçar os bois.

Na Idade Média, os **testículos** de mamíferos gozavam de grande prestígio não só pelos poderes afrodisíacos a eles atribuídos, como também por favorecer a capacidade reprodutora. Acreditando piamente nessa crença, o rei sexagenário **Fernando, o Católico** (1452-1516), da Espanha, em seu afã por gerar uma descendência masculina, fartou-se de testículos de touro, embora tenha conseguido apenas gerar uma filha demente, **Joana** (1479-1555). Na Alemanha, os testículos também eram receitados como infalíveis estimulantes sexuais, desde que fossem muito roxos. Em um manuscrito árabe do século XIV, recomendavam-se, para aumentar a virilidade, além dos testículos, pênis de crocodilo, ganso, lebre, porco-espinho e raposa.

O hinduísmo surgiu na Índia cerca de 4 mil anos atrás. Está fundamentado nos *Vedas* (conhecimento, em sânscrito), um conjunto de textos sagrados compostos de hinos de louvor e ritos. Suas características principais são o politeísmo, a crença na reencarnação e no carma, bem como na lei de ação e reação. Para os hindus, tudo reencarna. Não só pessoas, mas animais também. **Vacas**, ratos e serpentes são animais sagrados e matá-los é considerado sacrilégio. Kamadhenu é a vaca sagrada do deus Indra, na mitologia hindu, que se tornou um símbolo de vida, do princípio sagrado da maternidade, da caridade e da generosidade por causa da forma pela qual distribui seu **leite**.

Cereais e grãos

Chineses consideram o arroz, a cevada, o painço, a soja e o trigo, os cinco grãos sagrados.

O arroz é cultivado há mais de 5 mil anos e tem sua origem na Ásia Oriental. Até hoje, 90% da produção mundial de arroz provêm do Extremo Oriente. Junto com o milho e o trigo, são os alimentos principais de subsistência do homem. Chamado de *ar-ruz* entre os árabes, herdado do aramaico *ourozza*, e de *arisi* pelos indianos, chegou à Grécia com o nome de *rizi*, e à Roma, como *oryza*. Embora tenha começado a ser conhecido como alimento na Europa já na época de Alexandre Magno (356 a.C.–323 a.C.), só foi cultivado a partir do século VIII, época em que os árabes o introduziram no sul da Espanha, atingindo rapidamente a França e a Itália. Os portugueses trouxeram as primeiras sementes desse cereal para a África Ocidental, e os espanhóis o disseminaram nas Américas.

No Brasil, já existia entre os índios brasileiros um arroz bravo, conhecido como *abatiapé*, e as lavouras de arroz ocupavam terras na Bahia, em 1580. Em 1745, já se tem notícia de seu plantio no Maranhão – lá, o sucesso foi tanto que, na época, os maranhenses eram chamados de "papa-arroz" – em seguida, em Pernambuco, no ano de 1750, e, 22 anos depois, foi a vez de o estado do Pará iniciar o cultivo. O arroz começou a modificar realmente os hábitos da população brasileira em 1808, em decorrência das aberturas dos portos decretada por D. João VI (1767-1826). Nessa época, o produto começou a entrar no Brasil em grande quantidade, e sua boa aceitação pela população foi o melhor estímulo para a produção em terras brasileiras. Existem, no mundo, mais de 100 mil variedades de arroz. É encontrado nas cores preto, marrom, vermelho e branco, em grãos longos, médios e curtos, e nas formas delgadas ou arredondadas. Algumas variedades:

❧ Arborio: italiano originário da região que lhe dá o nome, de grãos grossos e redondos, é ótimo para o preparo de risotos mais cremosos.

❧ Basmati: arroz indiano de grãos longos, deve ser consumido depois de envelhecer 12 meses, no mínimo. Com sabor delicado e aroma de sândalo, seu preparo leva só água e sal.

❧ Bomba: arroz espanhol de grãos curtos, rico em amido, usado nas *paellas*. Bom também para preparar risotos ou arroz-doce.

❧ Carnaroli: italiano, superfino, rico em amido, é ideal para o preparo de risotos e ótimo como ingrediente de saladas.

❧ Carolina: de grãos grossos, é indicado para cremes e pudins de leite.

❧ **Integral**: é excelente fonte de fibras, proteínas, cálcio, ferro, minerais e vitaminas, pois dele se retira somente a casca. Encontrado em grãos longos ou curtos, é o preferido pelos adeptos de alimentação macrobiótica.

❧ **Japonês**: seus grãos são menores, e a quantidade de amido é elevada. Conhecido também como **cateto**.

❧ **Java**: grãos curtos e grossos, bom para risotos e pudins de leite.

❧ **Malequizado**: macerado com casca, em água fria, e submetido a vapor d'água em alta temperatura, esse processo faz com que os produtos da cutícula se transfiram para o interior do grão.

❧ **Parboilizado**: passa por um tratamento em água fervente que faz com que os nutrientes sejam transferidos da parte externa para a interna, em um processo semelhante ao do malequizado. A origem da denominação arroz parboilizado deriva do inglês *partially boiled* (parcialmente fervido). Depois de pronto, não difere em nada do arroz comum, nem no sabor, nem no aroma.

❧ **Patna**: grãos longos e finos, é o arroz próprio para o *pilaf*.

❧ **Polido**: descascado, passa por um processo de polimento, conhecido como alvejamento, para deixá-lo branco. Em seguida, é submetido a um leve engorduramento dos grãos para que fiquem brilhantes. Findo esse processo, os grãos são separados, conforme o tipo de arroz a ser comercializado. Conhecido como **agulhinha**, é classificado em cinco tipos, de acordo com a qualidade dos grãos. É o tipo mais consumido no Brasil.

❧ **Preto**: versão brasileira do arroz que teve origem na China. O gosto evoca pinhão e castanha. Vai bem em paellas, risotos e saladas.

❧ **Selvagem**: de grãos duros, longos e finos, apesar de levar nome de arroz, é uma erva aquática. Excelente com carnes, peixes, aves e algumas saladas. Também pode ser misturado ao arroz branco. Deve ser cozido até que seus grãos estejam parcialmente abertos.

✦ Tailandês: perfumado e gostoso como o *basmati*, fica melhor quando preparado no vapor. Também conhecido como jasmim, apresenta aroma e textura macia.

✦ Vialone Nano: italiano, tem mais amido que seus compatriotas. Vai bem em risotos e minestrones.

O simples gesto de atirar arroz sobre os noivos, após a cerimônia de casamento, é mais sugestivo do que parece. O arroz, assim como o milho, é símbolo da fertilidade, e a chuva de arroz representa a ejaculação e o sêmen segundo a crença grega. Para os chineses, a tradição surgiu em 2000 a.C. O folclore local conta que um poderoso mandarim – título de fidalgo chinês – fez com que o casamento de sua filha se realizasse sob uma "chuva" de arroz, para demonstrar vida farta a seus herdeiros. A influência do arroz é tamanha na cultura japonesa que se reflete em sua sociedade industrial: Honda significa arrozal principal; Toyota, arrozal abundante, e Narita, o aeroporto de Tóquio, arrozal em formação.

Diz uma lenda, das muitas que existem, que o povo asteca só pôde conhecer o milho depois da chegada do deus Quetzalcoatl. O cereal ficava escondido atrás das montanhas, fora do alcance dos pobres mortais. Ao se transformar em uma formiga, Quetzalcoatl atravessou as montanhas, pegou um grão, voltou, e os astecas o plantaram. O milho tornou-se o principal alimento cultivado entre eles. Até o descobrimento da América, em 1492, os europeus desconheciam por completo a existência do milho. Cristóvão

Colombo (1451-1506), e seus marujos foram os primeiros europeus a conhecer o milho, que os indígenas da América Central chamavam *mahis*, resultando em *maiz* na língua espanhola. Em Portugal, foi chamado de milho maroco, porque se acreditava que fosse originário do Marrocos. Na Inglaterra, foi chamado de *indian corn* (cereal indígena). Só muito mais tarde, *corn* veio designar milho. Na Europa, o milho se consolidou primeiramente entre as pessoas mais humildes. Nobres e burgueses reagiam de forma discriminatória em relação a um cereal que também era utilizado como ração animal. A aceitação se deu principalmente a partir da Itália, onde o milho verde rapidamente suplantou seus antecessores (milhete e milho miúdo) e fez surgir uma das maiores tradições gastronômicas da Bota, a polenta. No Brasil, o milho já fazia parte do dia a dia dos índios antes mesmo da chegada dos colonizadores. Chamavam-no de *ubatim* e usavam para fazer mingaus ou comiam-no assado. Com a vinda dos portugueses, surgiram novos pratos à base de milho, que foram incorporados aos hábitos alimentares dos brasileiros, aumentando significativamente o consumo. Em 1618, conforme relata Câmara Cascudo, "o milho dava bolos, havendo ovos, leite, açúcar e a mão da mulher portuguesa para a invenção".

Comendo fora

Para a origem da palavra *bistrot*, há duas versões. A primeira afirma que vem da palavra russa *bistro* (rápido), usada pelos cossacos para serem prontamente atendidos nos cafés parisienses, durante a ocupação russa em 1815. A segunda versão alega que deriva de *bistrouille*, uma mistura de café e aguardente servida em pequenos cafés franceses do século XIX, afirma a jornalista Elisa Donel, no livro *O passaporte do gourmet*.

Foi na rue de L'Ancienne Comédie (ex-rue des Saint-Germain) que o italiano Francesco Procopio dei Coltelli (1651-1727) abriu, em 1686, o Café Le Procope. Ao entrar no café mais antigo de Paris, instalado em uma antiga casa de banhos turca, com seus grandes lustres de cristal e móveis de mogno, pode se sentir o peso de três séculos de história. A ideia de Procopio foi abrir um local refinado e elegante para os cavalheiros da corte de Luís XIV

(1638-1715). Os atendentes de peruca e luvas brancas serviam café, no estabelecimento do ilustre desconhecido – que fez sua primeira aparição nas grandes cidades da Europa, em 1670 –, além dos gelados que fizeram a fama do lugar. La Fontaine (1621-1695), Molière (1622-1673), Racine (1639-1699), Piron (1689-1773), Destouches (1672-1749), D'Alembert (1717-1783), Voltaire (1694-1778), Jean-Jacques Rousseau (1712-1778), Diderot (1713-1784) e inúmeros outros literatos eram clientes frequentes. Por suas mesas de mármore, iluminadas por candelabros de cristal, passaram Honoré de Balzac (1799-1850), Victor Hugo (1802-1885), George Sand (1804-1876), Anatole France (1844-1924), Paul Verlaine (1844-1896) e Oscar Wilde (1854-1900). Conta-se que Benjamin Franklin (1706-1790) redigiu parte da constituição dos Estados Unidos em uma de suas mesas. Durante a Revolução Francesa, Danton (1759-1794), Marat (1743-1793) e Robespierre (1758-1794) se reuniam no Procope. Dali, partiram as palavras de ordem para os ataques às Tuileries de 10 a 20 de agosto de 1792. Cada sala do Le Procope, hoje um restaurante, é batizada com o nome de muitos desses ilustres frequentadores. Outro célebre *habitué* foi Napoleão Bonaparte que, de acordo com a lenda, costumava honrar suas dívidas deixando seu chapéu como garantia. Atualmente, esse chapéu está em destaque no local.

Símbolo da Belle Époque, patrimônio histórico e artístico do estado do Rio de Janeiro, fundada em 1894 pelos imigrantes portugueses **Manoel José Lebrão** e **Joaquim Borges de Meirelles**, a **Confeitaria Colombo** continua a ser um dos endereços mais charmosos do Rio. Na reforma de 1913, ganhou decoração *art-nouveau* composta de enormes espelhos de cristal da Antuérpia, mesas com tampos de mármore italiano, mobiliários em jacarandá, piso de ladrilhos com motivos árabes e vitrais franceses. Reduto de intelectuais, artistas e políticos. Entre seus ilustres fregueses estavam: **Rui Barbosa** (1849-1923), que costumava comer **vatapá** e acaçá, bolinho de **arroz** com leite de coco; **Olavo Bilac** (1865-1918), que adorava o mil-folhas Dame Blanche, feito de creme, com sorvete de creme e calda de **chocolate**, acompanhado do clássico biscoito leque. Era tão pontual para os diários chás das cinco que os funcionários sempre acertavam os relógios da casa assim que ele chegava; **José Maria da Silva Paranhos** (1819-1880), o barão do Rio Branco, pedia sempre o **linguado** ao molho de camarões; **Getulio Vargas**, que teria tramado a Revolução de 1930 em um dos salões de **chá** da casa, só comia filé-mignon à gaúcha, prato de medalhão grelhado, arroz, batata frita, farofa de **alho** e molho à moda da campanha; **Villa-Lobos** (1887-1959), filho da engomadeira da confeitaria, deliciava-se com escalopinho de filé *à la bouquetière*, feito com molho de *champignon*, legumes e arroz com aspargos; **José Lins do Rêgo** (1901-1957), com filé de frango Maryland, servido com banana frita e creme de milho; e **Carmen Miranda** (1909-1955), com camarão ensopadinho com chuchu. Em visita ao Rio, em 1968, a rainha **Elizabeth II** esteve na Confeitaria Colombo. Ficou encantada com o sorvete de bacuri. "Ela gostou tanto que levou várias latas da polpa da fruta para a Inglaterra", conta Orlando Duque, o garçom que atendeu a comitiva real e trabalha há mais de cinquenta anos na Colombo.

No século XIX, já existiam algumas confrarias de *gourmets*. Alfred Delvau (1825-1867), escritor e jornalista francês, narrou com detalhes as atividades do que chamou de "o clube dos grandes estômagos", do qual fazia parte, em seu livro *Les plaisirs de Paris* (1867). O clube contava 12 membros que se reuniam sempre aos sábados, pontualmente às 18h, no famoso restaurante Philippe, em Paris. A primeira parte do banquete começava com alguns aperitivos e um prato de sopa. Na sequência, era servido um peixe, geralmente um robalo com molho de alcaparras acompanhado de vinho Madeira. Depois, para acompanhar o cordeiro, as galinhas e a língua de vitela, abriam um bom Bourgogne. Tortas variadas e *sorbets* ajudavam a entretê-los até a meia-noite, quando, após beber várias taças de digestivos, entregavam-se às delícias da segunda parte do banquete: sopa de tartaruga, linguado com molho de trufas, salmão, costeletas de cerdo, frangos e mais uma rodada de sobremesas. Ao amanhecer, ainda se regalavam com uma sopinha de cebola gratinada, uns pasteizinhos e muito champanhe. Ao meio--dia, antes de se despedirem para o almoço em sua casa, bebiam rum ou kirsch. Indubitavelmente, grandes estômagos.

O primeiro guia de gastronomia do mundo, o *Almanach de gourmands*, de autoria de Grimond de la Reynière (1758-1837), jornalista, crítico teatral e gastrônomo francês, foi publicado de 1803 a 1812. Para figurar no guia, os donos de restaurante não só ofereciam a refeição gratuitamente, como também pagavam uma taxa, o que levou boa parte dos parisienses a crer que os críticos não passavam de espertalhões dedicados a comer bem sem precisar pagar nada. Apesar da desconfiança, o guia fez enorme sucesso com a burguesia do início do século XIX. Também foi de La Reynière a iniciativa de criar um "júri degustador". O grupo se reunia uma vez por semana, na casa de La Reynière, para degustar os pratos elaborados pelos melhores cozinheiros de Paris, que eram avaliados de acordo com os ingredientes, a elaboração e a apresentação. O êxito era imediato, e as opiniões dos jurados eram temidas e ansiosamente aguardadas. Se o jurado emitisse um "certificado de aprovação" (La Reynière, como secretario do júri, redigia e assinava ele mesmo os certificados, alcançando grande notoriedade, poder e importância), era a glória do cozinheiro e do restaurante.

O hambúrguer é considerado o símbolo do fast-food e foi introduzido nos hábitos alimentares dos brasileiros pelo tenista americano Robert Falkenburg, que, em 1952, abriu, no Rio de Janeiro, em Copacabana, a primeira lanchonete com padrões americanos, o Bob's.

Ao escrever a Regra para seus monges no século VI, São Bento os adverte de que o mosteiro deve ser construído com padaria, horta, queijaria, pomar e oficina, para atender às necessidades da comunidade. O Mosteiro de São Bento, fundado em São Paulo, no Largo de São Bento, em 1589, não é só famoso pelas missas realizadas ao som do canto gregoriano entoado pelos monges da Ordem de São Bento. De sua padaria, saem guloseimas divinas, como o bolo Santa Escolástica, feito de nozes e maçã, uma receita suíço-alemã do século XVIII, trazida pelos monges europeus que vieram para a restauração dos mosteiros brasileiros; o bolo Dom Bernardo, antiga receita francesa à base de café, chocolate, conhaque, nozes, pêssego e gengibre; o bolo dos Monges, elaborado à base de vinho canônico, damasco, ameixa e açúcar mascavo, datado do final do século XIX; o Dominus, pão integral à base de açúcar mascavo, aveia e azeite; e o Benedictus, pão de mel recheado com geleia de damasco. A padaria do Mosteiro, quase ao lado da nave principal, funciona diariamente para garantir o pão nosso de cada dia. Ao menos, o do paulistano.

"Até a segunda metade do século XVIII, o nosso restaurante era aparentado das casas de saúde que serviam um caldo quente de carne, o *restoratift*, para pessoas fracas ou debilitadas", esclarece Rebecca L. Spang, em seu livro *A invenção do restaurante*. A propagação dos restaurantes, tal qual existem hoje, é obra de Mathurin Roze de Chantoiseau (1736-1806), também conhecido como Boulanger, dono de uma *bouillon* na rue des Poulies, em Paris.

Cansado de vender apenas caldos, resolveu diversificar, passando a oferecer pés de carneiro ao molho branco, o que provocou a ira dos *traiteurs* (somente eles poderiam preparar alimentos cozidos), que alegavam se tratar de um ensopado. A confusão foi tamanha a ponto de parar na justiça. Ao final de alguns meses, o Parlamento decidiu a favor de Boulanger. Foi também em Paris que surgiu o primeiro restaurante de luxo, em 1782. Chamava-se La Grande Taverne de Londres, propriedade de Antoine Beauvilliers (1754-1817), escritor de uma das obras-primas da gastronomia, *L'art du cuisinier*, publicada em 1814. Beauvilliers alcançou rapidamente a reputação de excelente *restaurateur*. O estabelecimento dispunha de um menu com várias opções, mesas individuais e horários fixos para o almoço e o jantar. Segundo Brillat-Savarin (1755-1826), frequentador assíduo do restaurante e autor do livro *A fisiologia do gosto*, Beauvilliers foi "o primeiro a combinar quatro itens essenciais em um restaurante de sucesso: salão elegante, garçons vistosos, adega selecionada e culinária superior".

É na Plaza Mayor, em Madri, na Espanha, que se encontra o restaurante mais antigo do mundo, o Sobrino de Botín, que vem funcionando desde 1725, sem interrupções. Localizado na Calle de Cuchilleros, foi fundado pelo francês Jean Botín e sua mulher. De seu famoso forno a lenha, que fica aceso 24 horas, sai o saborosíssimo *cochinillo* assado, um leitãozinho que se alimenta apenas do leite materno e é abatido quando completa 21 dias. Sua pele é crocante, e a carne, tão macia que é cortada pelos cozinheiros com as bordas de um prato, na frente dos clientes. Conta-se que o pintor Francisco José de Goya y Lucientes (1746-1828), quando tinha 19 anos, lavou pratos no Botín antes de conquistar fama com seus quadros.

Clarence Saunders (1881-1953) revolucionou a maneira de comercializar alimentos, criando, em 1916, na cidade de Memphis, no Tenesse, a primeira mercearia com atendimento self-service. Batizada de Piggly Wiggly, funciona até hoje, conduzida por outros donos, e tem cerca de seiscentas lojas nos Estados Unidos. O conceito de autoatendimento foi patenteado por Saunders em 1917.

Os primeiros supermercados surgiram nos Estados Unidos. O pioneiro King Kullen Supermarket, ainda em funcionamento, foi inaugurado em 1930 pelo comerciante americano Michael Cullen, no bairro do Queens, em Nova York. No Brasil, o primeiro foi o Supermercado Sirva-se, na Rua da Consolação, em São Paulo, aberto no dia 24 de agosto de 1953, seguido pelo Peg-Pag, também na capital paulista, em 1954.

Condimentos e temperos

No ano 33 a.C., o general da Pérsia **Dario III** (380 a.C.-330 a.C.) desafiou seu rival, o grego **Alexandre, o Grande** (356 a.C.-323 a.C.), enviando-lhe um saco de sementes de gergelim, as quais representariam o número de soldados do exército persa. Como resposta, Alexandre enviou a Dario III um saco com sementes da **mostarda** para demonstrar que, embora em menor quantidade, as tropas da Grécia eram mais poderosas. Foram os romanos que primeiro souberam aproveitar as delícias dessas sementes. Elas eram trituradas e colocadas no mosto de uvas frescas. Chamavam essa pasta de *mustum ardens* (suco ou mosto ardido), que se transformou em *moutarde*, em francês; *mustard*, em inglês; *mostaza*, em espanhol; e mostarda, em português. Em outra versão, a origem do nome viria da inscrição *moult me tarde* (muitos me aguardam), exibida nas armas do duque de **Burgundy** (1396-1467), que dominava a região de Dijon no século XVI.

Utilizada para temperar carnes e **peixes** desde o século XII, foi em Dijon que a mostarda encontrou as condições mais favoráveis à sua fabricação: os vinhedos da região de Bourgogne, que garantiam o abastecimento de vinhos e vinagres de qualidade. Ao longo do século XVIII, a cidade consagrou-se pela produção de sua mostarda homônima, sendo a expressão "Moutarde de Dijon" uma Denominação de Origem Controlada desde 1937. Em 1866, o inglês **Jeremith Colman** (1777-1851) descobriu a fórmula para resolver a questão da perecibilidade do produto: adicionar amido de trigo e transformá-lo em pó. A **mostarda em pó** Colman's é considerada, até hoje, a melhor do mundo. Em pasta, são mais conhecidas as francesas de **Bordeaux** (sementes pretas, **estragão** e mosto), de **Dijon** (sementes pretas, mosto, **sal** e temperos) e de **Meaux** (sementes pretas esmagadas com água, **vinagre** e **ervas**), também chamada de mostarda *à la ancienne*.

A **mostarda di Cremona** é preparada com maçã, figo verde, cereja, laranja e pera, em **calda de açúcar** – originalmente, era feita com mel e mosto de **uva** –, temperada com essência ou pó de mostarda. Surgiu para dar vazão às grandes quantidades de **frutas** produzidas na região de Cremona. Sua receita já aparece em 1604, em um livro publicado em Liège, na Bélgica, escrito por **Lancelot de Casteau**, cozinheiro local. É ótimo acompanhamento para saladas mais refinadas, assados de porco, vitela, **javali** e grelhados.

No século XVII, avaliava-se o *status* dos convidados à mesa pelo lugar ocupado em relação ao saleiro de prata. Quanto mais longe do artefato, menos importante era a pessoa. O mais comum dos condimentos, o sal já foi escasso e precioso. Era vendido a peso de ouro. Em diversas ocasiões, foi usado como dinheiro. Por ser tão valioso, foi alvo de muitas disputas. Hoje, é encontrado em todos os continentes, podendo ser obtido da evaporação da água do mar ou das minas subterrâneas (sal de rocha, também conhecido como sal-gema), que resultam de mares e lagos antigos que secaram. Em seu estado puro, consiste em cloreto de sódio, substância cristalina e branca. Na forma física, existem diferenças principalmente na granulação. Em alguns casos, adicionam-se substâncias ou temperos ao sal, para uso culinário. Alguns tipos que fazem a festa na cozinha dos chefs:

❧ **Flor de sal**, de sabor incomparável, com toques de avelã e de iodo. São aglomerados de pequenos cristais recolhidos à mão na superfície das salinas ou com o auxílio de instrumentos de madeira para não contaminá-los com ferrugem, secos ao sol e ao vento. Guérande, província da Bretanha francesa, produz o melhor exemplar.

❧ **Flor de sal de Guérande**, sal marinho francês, é conhecido como "o **caviar** dos sais". De origem controlada, tem gosto suave. É considerado o melhor do mundo pelos chefs de vários continentes.

❧ **Sal de Chipre**, de aspecto crocante, tem textura e gosto suaves, e formato piramidal. Ideal para cozinhar e para enfeitar um prato.

❧ **Sal de flocos do rio Murray**, sal mineral, de cor rosa-alaranjada, é retirado do rio Murray, cuja água tem origem na neve derretida dos Alpes australianos. De gosto muito suave, vai bem com frutos do mar e pescados.

❧ **Sal de Ibiza**, essa especiaria vem da Reserva Natural do Parque de Ses Salines d'Eivissa. Rico em minerais e iodo, está disponível ao natural ou aromatizado com ervas mediterrâneas. Acompanha massas e carnes.

Condimentos e temperos

❖ **Sal defumado**, depois de moído, é defumado a frio em barris de carvalho que, por anos, foram usados no envelhecimento de vinhos Chardonnay.

❖ **Sal havaiano**, originário do mar de Alaea, de cor avermelhada, contém argila purificada rica em minerais. Tem um leve gosto de terra. Indicado para assados.

❖ **Sal Maldon** provém das salinas Essex, no sul da Inglaterra, e é uma flor de sal puríssima, colhida nas águas do Atlântico. Bom com peixes, carnes e **foie gras**.

❖ **Sal negro** ou **Kala Namak**, indiano, de origem mineral, com muita concentração de enxofre, tem sabor intenso de gema de ovo e cor rosa-acinzentada, apesar do nome. Ótimo para finalizar receitas vegetarianas.

❖ **Sal rosa do Himalaia** é extraído de um depósito de sal aos pés da Cordilheira do Himalaia, proveniente de um oceano que ficava ali durante a era Paleozoica. Dá sabor especial aos pratos de peixe e às saladas. Tem 84 minerais essenciais, entre eles, magnésio, cobre, potássio, cálcio e ferro.

❖ **Sal rosa peruano** é colhido nas Salinas que ficam aos pés dos Andes peruanos, de maneira artesanal, sem o uso de máquinas. Acompanha bem pratos elaborados com **aves**.

O **urucum**, também conhecido como urucu, do tupi *uru'ku* (vermelhão), é o fruto de um arbusto pequeno chamado urucuzeiro. Seus **grãos**, depois de socados, transformam-se em pó e recebem o nome de colorífico. É utilizado em sopas, **molhos**, **arroz**, pães, **doces**, principalmente nas regiões Norte e Nordeste – é ingrediente muito importante da **moqueca capixaba**. É também com o urucum que os índios pintam seus corpos, em sinal de alegria e agradecimento, nas festas e rituais. O urucum e o colorífico são usados como condimento e conferem uma cor que vai do vermelho ao alaranjado.

Embutidos

O jamón serrano é uma iguaria da Espanha. Seu nome é uma referência ao hábitat no qual, tradicionalmente, realizava-se a cura do presunto, a serra, e denomina todos os presuntos curados. Tem origem no porco branco, que habita e se reproduz em toda a Espanha, criado em cativeiro e alimentado de forragens compostas por cereais. O pata negra designa os presuntos procedentes do porco ibérico, que é criado em liberdade nas províncias de Huelva, Badajoz, Cacéres e Salamanca, alimentando-se de ervas, raízes e do fruto da azinheira, a *bellota*, um tipo de noz que confere sabor e aroma ao *jamón*. A cor escura da pele e das unhas desses porcos dá origem ao nome.

A origem da mortadela é antiquíssima. Segundo alguns, a palavra *mortadella* deriva da palavra latina *mortarium*, nome do almofariz usado pelos romanos para triturar carne, sal e temperos.

Segundo outra versão, tem origem no extinto vocábulo latino *mortata*, pequeno arbusto mediterrâneo. Surgida no tempo do Império Romano, há mais de 2 mil anos, tinha, entre seus apreciadores, Augusto (63 a.C.-14 d.C.), primeiro imperador romano, e Plínio, o Velho (23-79), escritor latino. A mortadela, também conhecida como *bologna*, teve sua fórmula original mantida em segredo durante séculos. É feita de cortes de carne de porco, aparas trituradas de carnes usadas no preparo de presunto e de copa e cubinhos da gordura da papada do porco. Existem duas outras variedades, chamadas *agliata* (alhada, com alho) e *al pistacchio* (com pistache). Sophia Loren, atriz italiana, após estrelar *La mortadella*, filme dirigido por Mário Monicelli (1915-2010), em 1971, foi eleita madrinha do produto. No filme, ela interpretava uma napolitana que viajou para encontrar o noivo em Nova York, mas foi barrada no aeroporto. Tinha na mão uma mortadela, alimento estrangeiro que a lei proibia de entrar no país. O polêmico presidente Jânio Quadros (1917-1992) costumava sacar um sanduíche de mortadela do bolso em meio a discursos, tudo para passar a imagem de candidato popular.

O marechal Charles de Rohan (1715-1787), príncipe de Soubise e duque de Rohan-Rohan, conhecido gourmet francês do século XVIII, quase infartou na ocasião da preparação de um grande banquete, pois seu cozinheiro colocou na lista de compras um pedido de cinquenta presuntos. Irritado com tamanha extravagância, perguntou-lhe se ele pretendia alimentar todo o regimento, ao que o chef prontamente respondeu: "Esses cinquenta presuntos, que tanto vos ofuscam, vou reduzi-los a um suco que apenas encherá um frasquinho de cristal do tamanho do polegar de Vossa Alteza!"

A produção do prosciutto di Parma segue uma série de rígidas e controladas normas, ditadas pelo Consorzio del Prosciutto di Parma, fundado em 1963, que garante a qualidade do produto final. Os suínos, todos das raças Large White, Landrace e Duroc, são criados em confinamento e se alimentam de castanhas e soro de leite, proveniente do queijo *parmiggiano* (outra especialidade local). Em cerca de nove meses, os suínos atingem idade de abate, quando pesam entre 150kg e 170kg. O prosciutto de maior prestígio vem de uma pequena vila ao sul de Parma, denominada Langhirano. O "tempo de cura" é o que determina a qualidade do prosciutto. Quanto mais tempo, mais saboroso. A legislação determina o peso mínimo de 10kg para cada peça desse presunto.

Ervas e especiarias

rva-cidreira, simpatia. Flor do limoeiro, amor fiel. Framboesa, remorso. **Funcho**, força. **Hortelã**, virtude. Hortelã-pimenta, calor humano. **Manjericão**, ódio. **Maracujá**, crença. Oliveira, paz. Papoula, consolação. Assim, na Turquia do século XVII, era possível brigar, mandar cartas de paixão e amizade, pedir desculpas, sem que preciso fosse escrever uma só linha. Era o código dos turcos para expressar seus sentimentos por meio das **ervas**, **flores** e **frutas**.

A primeira rota marítima da Europa para a Ásia foi para as Ilhas Moluscas – chamadas, na época, de Ilha das Especiarias, atual Indonésia –, estabelecida pela esquadra do português **Vasco da Gama** (1469-1524) em 1498. Ao regressarem para o Novo Mundo com os navios carregados de novidades das colônias, os exploradores ibéricos estavam inaugurando uma nova etapa na história da gastronomia do Velho Mundo, e aquele comércio, até então dominado por árabes, trocava de mãos. Poder e fortuna para Portugal, decadência e crise para as cidades italianas de Veneza, Gênova e Pisa e para o norte da Europa, por causa da descoberta de uma rota mais barata e mais rápida para as Índias. As **especiarias** são uma substância de origem vegetal, geralmente seca, de sabor ligeiramente picante, que serve para dar sabor e perfume aos alimentos e, sobretudo, para conservá-los. Para obter um gosto mais pronunciado, é melhor comprá-las inteiras e somente moer na hora de utilizá-las.

Açafrão vem do árabe *za'faran* (amarelo), que evoluiu para *safranum* em latim, e foi precisamente pela via árabe que entrou na Península Ibérica. É o nome dado aos pistilos da flor *Crocus sativus*, uma pequena flor de cor violeta que floresce no outono, principalmente na Espanha e no Paquistão. O puro e verdadeiro açafrão tem um preço elevado em virtude das dificuldades para cultivo, colheita e processamento. São necessárias cerca de 200 mil flores para se obter 1kg do verdadeiro açafrão. Dessas flores, extraem-se 600 mil pistilos (pistilos são as unidades do órgão feminino das flores) para se chegar a apenas mil gramas de açafrão. **Nero** (37-68) apresentou-o à população, mandando cobrir as ruas com ele. **Cleópatra** (69 a.C.–30 a.C.), rainha egípcia, tomava banho com esse condimento diluído em água, antes de suas noites de amor com **Júlio César** (100 a.C.–44 a.C.) e **Marco Antônio** (83 a.C.–30 a.C.). Os fenícios tinham a tradição de passar a noite de núpcias em lençóis coloridos com açafrão. Os gregos antigos utilizavam-no para combater as insônias, curar as ressacas e como tintura para os cabelos. Romanos adicionavam açafrão ao **vinho** e bebiam como afrodisíaco. É um ingrediente indispensável no **preparo** da **paella** valenciana, do *risotto alla* *milanese* e da *bouillabaise* da Provence. Não confundi-lo com o açafrão-da-terra ou cúrcuma, tempero culinário popular e corante, muito mais comum e barato.

Alecrim é um arbusto originário da Europa e, segundo a lenda, só floresce no jardim dos bons e justos. Do latim *Rosmarinus officinalis*, orvalho que vem do mar, recebeu esse nome porque cresce em solos ricos em cálcio e clima seco, borrifado pelas águas do mar. Segundo a crendice popular, o alecrim é uma ótima planta para ser usada contra feitiçarias e mau-olhado. Colocado debaixo do travesseiro, afasta os maus sonhos. Entrelaçar alguns ramos no cabelo estimula a memória. Tocar com alecrim na pessoa amada faz com que se tenha seu amor para sempre. Os gregos, na Antiguidade, usavam-no em cerimônias de casamento para dar sorte. A rainha **Isabel da Hungria** (1207-1231) teria curado seu reumatismo graças a uma mistura de alecrim, alfazema e água, que ficou conhecida como "Água da Rainha da Hungria". Extremamente saboroso, tempera aves, carnes, caças, **bacalhau**, sopas e **molhos**. Um só raminho já é suficiente para condimentar. Também quando visitado pelas abelhas, fornece-nos um mel de gosto muito intenso, denominado mel de alecrim.

Alfavaca-cheirosa, **alfavacão**, **manjericão-dos-jardins**, **basilicão**, **erva-real**, **quioiô**, **alfavaca**. Lado menos nobre da família do manjericão, a alfavaca já foi acusada de causar insanidade, gerar vermes, piolhos e escorpiões, danificar os olhos e, como se não bastasse, ainda foi associada a um lendário réptil de nome *basilisco*, cujo hálito e olhar podiam matar. Gregos acreditavam que a pobrezinha só cresceria viçosa se, no momento de sua semeadura, fosse tratada com desprezo. **Plínio, o Velho**, naturalista romano do século I, veio em seu socorro, posicionando-se a seu favor. Tempera sopas, molhos, carnes, massas, **ovos** e **aves**. Recebe destaque na culinária de Santa Catarina, em ensopados de lagosta e caldos de camarão.

Originário provavelmente da Ásia Central, o **alho** ficou conhecido primeiramente por suas propriedades medicinais. **Hipócrates** (460 a.C.-377 a.C.), o Pai da Medicina, foi um dos primeiros a louvar os poderes terapêuticos do alho. Em razão do odor da planta, foi rejeitado pelas classes mais altas e pelo clero. Nos cultos de alguns deuses gregos, era vetada a entrada de pessoas que estivessem recendendo a alho. O rei **Afonso de Castela** proibia os

cavaleiros da Ordem criada por ele, em 1368, de comerem alho. Apesar de todo o preconceito, a importância e a representatividade do alho são indiscutíveis. No Antigo Egito, 7kg de alho eram suficientes para comprar um escravo, e, até meados do século XVIII, os siberianos pagavam seus impostos em alho. Junto com a **cebola** era ingrediente essencial na dieta de escravos e operários para que não adoecessem. Deu força aos construtores das pirâmides – na pirâmide de Gize, existe uma inscrição recomendando o consumo de um dente de alho, todas as manhãs – e coragem aos guerreiros das legiões romanas. Consta que a primeira greve de que há registro ocorreu quando, privados de sua porção diária de alho, os construtores das pirâmides cruzaram os braços, desafiando a autoridade de **Ramsés III** (1187 a.C. –1156 a.C.). O alho faz parte da família dos lírios e é parente da cebola, da echalota, da cebolinha verde e do alho-poró. Extremamente versáteis, seus dentes podem ser usados crus, cozidos ou fritos, inteiros, cortados, picados ou esmagados, em pasta ou em pó.

A **canela** e a **cássia** são sempre confundidas. A canela verdadeira (*Cinnamomum zeylanicum*), também chamada de **canela-do-Ceilão** ou **cinamomo**, é nativa do Sri Lanka, antigo Ceilão. Foi levada para a Índia e depois para o Egito, no ano 3000 a.C. É obtida da casca de uma árvore da mesma família do louro, retirada na época das chuvas, posta para secar e enrolada à mão, na forma de um tubinho. Aromática e delicada, pode ser usada em vinha-d'alhos e em pratos de carne e peixe, como no famoso peixe com canela da culinária de Veneza. É na confeitaria, porém, que a canela encontra a maior variedade de usos. Tida como afrodisíaca, é citada nos "**Provérbios**" da Sagrada Escritura, no versículo "As Seduções da Adúltera":

> Adornei a minha cama com cobertas, com colchas bordadas de linho do Egito. Perfumei o meu leito com mirra, aloés e cinamomo. Vem! Vamos nos embriagar de amor até o amanhecer, porque o meu marido não está em casa.

Já a cássia (*Cinnamomum cassia*), também conhecida por canela-da-China ou canela-da-Pérsia, é originária da Birmânia. Tem aroma mais forte e sabor menos adocicado. Condimenta bebidas e licores.

Tido como "a erva que alegra o coração", o cerefólio é uma planta aromática originária do Mediterrâneo, prima rica da salsa, cultivada desde o início da Era Cristã. As folhas, com seu delicado sabor, semelhante ao do anis, são um dos ingredientes das *fines herbes* (cebolinha, estragão e salsa). Podem ser usadas em omeletes, saladas, carnes, peixes e sopas. Comidas ao natural, combatem soluços. Seu chá é um bálsamo para a pele, atenuando as rugas; para os cabelos, combate a queda, e, para o sistema nervoso, reduz o estresse.

Na Idade Média, o coentro era utilizado em poções do amor como afrodisíaco, crença que persistiu entre os asiáticos e árabes, que também o empregavam como planta medicinal e aromática. Os indianos bebiam a água na qual o coentro ficara de molho para purificar culpas. Os hebreus utilizavam para aromatizar bolos, os romanos para conservar carnes, os egípcios e chineses acreditavam que seu consumo trazia imortalidade. Originário do Oriente Médio, era utilizado pelos egípcios e persas mais de mil anos antes de Jesus Cristo e foi trazido para a Europa pelos romanos. Também chamado salsa-chinesa, suas folhas temperam frutos do mar. Em grãos moídos, condimentam aves, peixes, molhos de salada, pães, sorvetes e doces. Inteiros, entram no preparo de salsichas. É um condimento muito presente na culinária brasileira, particularmente do Nordeste. Segundo Domenico Romoli, *maître d'hôtel* e autor da obra *La doctrine singulière* (1560), o coentro teria o poder de induzir à luxúria, quando em mistura com o vinho.

Guerras comerciais foram travadas pelo monopólio do **cravo-da-índia**. Domínio português por boa parte do século XVI, graças a Vasco da Gama, que descobriu o caminho para as Índias, os holandeses entraram na briga e destruíram todos os craveiros existentes, exceto aqueles que cresciam em terras que eles possuíam, e conquistaram as possessões portuguesas no Oriente. Pouco tempo depois, em 1769, o diplomata francês **Pierre Poivre** (1719-1786) roubou literalmente algumas sementes de cravo e as levou para as Ilhas Maurício e Bourbon, onde foram cultivadas e ganharam o mundo. Originário das Ilhas Molucas, na Indonésia, e de Zanzibar, na costa leste da África, o cravo, da palavra latina *davus* (prego, em português), é utilizado há milênios na China como tempero e no preparo de perfumes e medicamentos. Os membros da corte precisavam segurar cravos na boca ao se dirigirem ao imperador durante a dinastia chinesa de Han (206 a.C.-220 d.C.). Indispensável na preparação de **conservas** e **embutidos**, acompanha presuntos, carnes grelhadas, doces, compotas, mingaus e chás. Continua a ser empregado na medicina popular como analgésico e antisséptico.

Curry não é uma especiaria, mas uma mistura de várias delas: pimenta caiena, **pimenta-do-reino**, gengibre desidratado, sementes de **mostarda**, cravo-da-índia, açafrão, folhas de coentro, cominho, **tamarindo** em pó ou em pasta, cardamomo, canela, **páprica**, cúrcuma, **erva-doce**, gergelim, papoula, **macis**, feno-grego e folhas secas de *curr* (uma plantinha do Sudoeste Asiático). Os ingredientes variam de acordo com a região e o tipo de curry, que pode ser suave (*mild*), apimentado (*hot*) e muito apimentado (*very hot*). Na Índia, sua terra de origem, é chamado *massala*. Chegou à Europa pelas mãos do explorador inglês sir **Morton Stanley** (1841-1904), no século XIX.

Muito usado pelos escandinavos, o **endro** ou **aneto**, como é conhecido no Brasil, é planta originária da Ásia que floresce no verão e cujo perfume lembra o funcho. Fresco, condimenta peixes, sopas e saladas. Em grãos, tempera queijos, doces e tortas. De suas sementes, os gladiadores romanos extraíam um óleo que friccionavam nos membros antes dos combates. Sementinhas de endro levadas junto ao coração atraem bons fluidos e afastam o mau-olhado. Nos países de língua inglesa, recebe o nome de *dill*, derivado da palavra anglo-saxã *dillan*, que significa "acalmar". Na Inglaterra, seu chá é recomendado para aliviar as cólicas dos bebês.

A erva-doce ou o anis é uma planta delicada, de flores brancas, com aproximadamente 70cm de altura. Suas folhas dão saladas muito saborosas, e seus grãos são utilizados para condimentar peixes e mariscos, além de entrarem no preparo de bolos, biscoitos e pães. É uma das mais antigas ervas conhecidas, mencionada em registros anteriores ao nascimento de Jesus Cristo. Hipócrates a recomendava para a tosse. Os romanos usavam-na para melhorar o hálito, para aliviar flatulência e cólica e estimular a lactação. Foi cultivada nos Jardins Suspensos da Babilônia e nos jardins do imperador da França, **Carlos Magno** (742-814).

O estragão tornou-se conhecido na Europa, a partir do século XV. Além de tempero, era tido como "um amigo da cabeça, do coração e do fígado". O nome latino *Artemisia dracunculus* significa "pequeno dragão" e deriva da crença de que a erva tinha o poder de espantar serpentes e funcionar como poderoso antídoto para picadas de animais venenosos. Ilustre companheiro da salsinha, da cebolinha francesa e do cerefólio, na composição das *fine herbes*, o gosto delicado de alcaçuz da erva vai perfeitamente bem com pratos de carne, peixe e frango, saladas, omeletes, molhos, **maionese** e **vinagre**. Existe outra variedade insípida, denominada estragão russo, que não tem lugar na cozinha.

O funcho é um legume da família das umbelíferas, originário do sul da Europa. Seus grãos são usados para temperar bolos, pães, tortas e entram na composição de diversos licores. Suas folhas são usadas em pratos de peixe, sopas, assados e molhos. Seu bulbo é consumido como hortaliça. Foi usado na Antiguidade, por gregos e romanos, como planta com poderes de cura. Em 490 a.C., persas e gregos se enfrentaram em Marathon, na costa grega, perto de um enorme campo de funcho. Vencidos os invasores persas, os gregos passaram a chamar a planta de *marathon* e a acreditar que seu uso propiciava coragem e longevidade. Há diversas variedades de funcho, com frutos ligeiramente doces, apimentados ou amargos. O amargo é comumente empregado como condimento; o doce, denominado funcho de Florença, é próprio para saladas.

Galanga ou **kha** é uma raiz da família do gengibre, muito utilizada em sopas, ensopados, frangos e pratos salgados, nas culinárias tailandesa e asiática. Existem três tipos: *kha* (galanga fresco), *kha haeng* (seco) e *kha pon* (em pó).

Alexandre, o Grande (356 a.C.-323 a.C.) proibia seus soldados de mascarem folhas de hortelã porque seu mentor, **Aristóteles**

(384 a.C.-322 a.C.), acreditava que a erva, por aumentar o desejo sexual, diminuía o desejo dos jovens guerreiros pelas batalhas. Sua crença era fundamentada na ardente paixão de **Plutão** pela ninfa **Minthe**, transformada em erva por **Perséfone**, mulher do deus, enciumada com o romance. Foram os romanos que introduziram essa erva na Europa. Eles a usavam para aromatizar vinhos e molhos. Já as mulheres romanas mascavam uma pasta preparada com essa erva para disfarçar o hálito do vinho, que eram proibidas de beber. Gregos utilizavam tanto para cozinhar como para tratar disfunções urinárias e afecções das vias respiratórias, e contra mordidas de cobra e picadas de escorpião. Também utilizavam como perfume, esfregando suas folhas no corpo. Trata-se de um excelente acompanhamento de carne de carneiro ou quando é incluída em bebidas geladas ou chás refrescantes.

O manjericão é uma erva indiana introduzida na Europa, na Antiguidade. Considerado sagrado em sua terra natal, é usado para afastar as forças do mal e como oferenda aos deuses **Krishna** e

Vishnu. Em Roma, era o emblema do amor. Na Grécia, símbolo do luto. Dizia-se reservado aos soberanos (*basileus*), e somente eles poderiam colher o manjericão (*basilikós*) com uma foice de ouro, de onde vem o significado de seu nome: real. Chamado de "**erva do tomate**", essa parceria nasce na horta. A planta do manjericão afasta a mosca branca, que dizima o tomate. Ingrediente fundamental do *pesto* genovês, combina com massas, carnes, peixes, aves, sopas, queijos e molhos de **tomate**.

A moscadeira é a única árvore que dá origem a duas especiarias ao mesmo tempo: a **noz-moscada** e o macis, que é a parte carnosa que envolve o caroço. Originária das Ilhas Banda, na província das Ilhas Molucas, Indonésia, os árabes a trouxeram para o Ocidente, no início da Idade Média. No século XII, um pouco por toda a Europa, a noz-moscada começou a ser usada pelos fabricantes de **cerveja**, que viram nela o tempero ideal para sua bebida. Na Itália, tinha uma utilização menos convencional – usava-se para perfumar as ruas das cidades e esconder o mau cheiro nos dias de grandes solenidades. No auge da moda da noz-moscada, no século XVIII, em todos os jantares, os convidados levavam um pequeno ralador feito de prata ou osso e madeira para usar as nozes e aromatizar os pratos corretamente. Em doses elevadas, tem as propriedades narcóticas, convulsionantes e alucinógenas que a Escola de Salernes previra, ensinando que "uma noz-moscada é saudável, uma segunda faz mal e uma terceira mata". Usada para polvilhar pudins de **leite**, como o pudim de **arroz** ou a **coalhada**, também é um condimento perfeito para molhos brancos, peixes, carnes, sopas, omeletes, e é maravilhosa combinada com queijo e em todos os purês de legumes de raízes. Deve ralar-se a noz-moscada na hora de usar, pois seus óleos essenciais e seu sabor perdem-se rapidamente.

Tempero típico da cozinha húngara, a páprica é feita a partir do pó extraído do pimentão vermelho, seco e triturado. Existem dois tipos de páprica no mercado brasileiro: a doce, mais delicada, e a picante. É utilizada no *goulash*, em sopas de legumes, no frango assado, no ensopado, em carnes e peixes, e para dar coloração ao arroz. Apesar de ser uma especiaria, a páprica tem alto teor de vitamina C, descoberta que valeu um prêmio Nobel de Medicina, em 1937, ao professor húngaro **Albert Szent-György** (1893-1986).

Alarico (375-410), rei dos visigodos, quando invadiu e conquistou Roma, no ano 410 da nossa era, exigiu, entre outras coisas, £3 mil de pimenta-do-reino. **Átila**, rei dos hunos, também invadiu Roma e exigiu mais de 1t dessa mesma pimenta para deixar a cidade. Fruto da pimenteira, uma planta trepadeira originária da Índia, é a mais importante e conhecida das especiarias. Na Idade Média, chegou a ser conhecida como o "ouro negro", servia como prêmio aos vencedores de duelos e como "moeda" para pagamentos de impostos e honorários de juízes. A longa viagem e as pequenas quantidades que conseguiam transportar fizeram com que ela se tornasse uma iguaria rara, de preço exorbitante, invejada por todos e apreciada pelos poucos que podiam custeá-la, motivo que levou **Bartolomeu Dias** (1450-1500) a cruzar, pela primeira vez, o Cabo da Boa Esperança, em busca de um caminho marítimo que ligasse a Europa à Ásia. A pimenta-do-reino é encontrada nas variedades branca, preta e verde. A branca é colhida quando madura e deixada por alguns dias em água corrente, para que a casca se desprenda. Somente depois, passa pelo processo de secagem; a preta é colhida quando inicia o amadurecimento do fruto e seca ao sol, quando se torna preta e enrugada. Assim como a branca, é encontrada em grãos inteiros ou moídos; a verde, mais perfumada, é retirada da trepadeira ainda verde, e conservada no óleo ou no vinagre. Pode ser empregada em carnes, peixes, molhos, recheios, ovos e em muitos outros pratos. Segundo o livro *Le tresor de santé*, publicado em 1607, em Lyon, pimenta-do-reino faz urinar, cura picadas de cobras, dissipa os gases, serve para a tosse e cura calafrios.

A **pimenta rosa**, chamada popularmente de aroeira, é originária da América do Sul. Conhecida como *poivre rose* entre os europeus e *peppercorns* entre os americanos, a pimenta rosa não pertence à família das pimentas. Embora de sabor suave e adocicado, é muito versátil, podendo ser usada no preparo de peixes e carnes, na forma de grãos inteiros ou moídos.

Originária do Mediterrâneo, erva de **Zeus** e de **Júpiter**, a **sálvia** deriva do latim *salvare*, alusão às propriedades curativas da planta. Tida, desde tempos imemoriais, como a erva da longevidade, **Luís XIV** (1638-1715) bebia diariamente duas xícaras de sálvia ao se levantar. Encontrada fresca ou seca, extremamente aromática, deve ser usada com moderação para temperar sopas, molhos, massas, carnes, peixes e aves.

O **tomilho**, erva originária do Mediterrâneo, é indispensável no *bouquet garni* e na composição das ervas de Provença. O nome vem do latim *thymus*, em grego *thymom*, que significa "coragem". Outra explicação para a origem do nome pode estar no termo egípcio *tham*, referindo-se a uma planta fortemente aromática com qualidade antisséptica, utilizada no processo de mumificação. Nos templos da Grécia Antiga, suas folhas eram usadas como incenso. Nas Cruzadas, o tomilho era usado pelos cavaleiros para atrair vitória. Alemães o utilizaram como desinfetante nas trincheiras de batalha durante a Primeira Guerra Mundial. O tomilho é um arbusto resistente de até 50cm de altura, de folhas pequenas e flores brancas, rosas ou lilases. De sabor picante, pode ser encontrado fresco seco ou em pó. Vai bem com carnes, ovos, queijos, azeitonas em conserva, beterrabas, abobrinhas, tomates e azeites.

Graças à sua folhagem sempre verde e viçosa, o **zimbro** ajudou a esconder o **Menino Jesus** dos soldados de **Herodes** e passou a ser considerado símbolo de proteção, durante a Antiguidade. Já na Idade Média, supunha-se que suas bagas faziam curas miraculosas. Espécie encontrada na Europa, esse arbusto da família dos ciprestes pode chegar a 5m de altura. O caule forte, com folhas finas e longas, produz as bagas redondinhas de cor púrpura, que amadurecem no decorrer do segundo ano de vida. Seu sabor conferiu à planta o nome científico da espécie, derivado da palavra celta *juneprus*, que significa acre. Aromatiza conservas, marinadas, picles, pratos à base de repolho, batata, carnes de caça e aves e constitui elemento básico na preparação do **gim** e de outras bebidas alcoólicas.

Frutas frescas e secas

Coco, maçã, laranja, ameixa, cereja, lima e carambola são **frutas** originárias da Ásia. Da Índia, vêm a **manga**, a jaca e o limão. Da África, temos a banana e a **melancia**. Pêssego, pera e tangerina vêm da China. Brasileiríssimas são a pitanga, a pitomba, a mangaba, a jabuticaba, a goiaba, a graviola, o caju e o cupuaçu.

O abacateiro é originário da América Central, e a palavra **abacate** vem do asteca *ahuacatl*, que significa **testículos**, talvez pelo formato do fruto. No Brasil, pelo significado de seu nome na língua tupi – homem bom, forte –, foi tido como afrodisíaco. Espanhóis também partilhavam dessa crença de tal forma que os sacerdotes católicos chegaram a proibir seu consumo pelas mulheres. Somente no Brasil, o abacate é consumido com açúcar, como sobremesa. Na Europa, nos Estados Unidos e em outros países da América Central e do Sul, é usado como alimento salgado.

Cristóvão Colombo (1451-1506) encontrou o **abacaxi** ao chegar à ilha de Guadalupe, em 1493, e deu à estranha fruta o nome de *la piña de las Indias*. Ficou encantado com seu perfume e suculência, e surpreso com o fato de os índios o usarem para embelezar os lugares onde moravam e oferecerem aos visitantes como sinal de boas-vindas. Até hoje, a fruta é conhecida como *piña*, entre os espanhóis. Nossos índios já o conheciam com o nome de *ibacati*, que significa fruta (*iba*) cheirosa (*cati*). Foi apresentado a **Luís XIV,** rei da França, por exploradores franceses das Américas, que detestou a novidade. Segundo contam, o rei teria saboreado a fruta com a casca e tentado mastigar a coroa. Verdade ou não, proibiu seu consumo por volta de 1710, por considerá-la uma fruta muito indigesta.

O **açaí**, conhecido pelos indígenas como içá-çai, a fruta que chora, caiu na graça de atletas e esportistas. É um energizante rico em gordura, faz bem ao sistema cardiovascular e tem ação antioxidante. A **polpa** do açaí congelada, servida em uma tigela com guaraná em pó e açúcar, é muito popular no sudeste do Brasil. Como a fruta fermenta muito rapidamente – não resiste a mais de 24 horas, mesmo quando refrigerada –, é a única forma de degustá-la longe de sua origem. *In natura*, é privilégio apenas dos habitantes do Pará e dos estados mais próximos, que a consomem pura ou misturada com farinha de **mandioca** para acompanhar **peixes** e carnes. Do açaí, tudo se aproveita: de seus troncos, retira-se o **palmito**; de seus caules, são feitas ripas; e suas folhas são usadas para a cobertura de casas.

Araçá-boi é um fruto arredondado, de cor amarelada quando maduro e bastante aromático. De sabor delicioso, é consumido ao natural ou usado como ingrediente na produção de **doces**, sorvetes e bebidas. O **bacuri** tem casca grossa e amarelada, e a polpa é branca e doce. É apreciado na culinária na forma de sorvetes, geleias e licores. O **camu-camu** tem casca resistente e cor avermelhada e é pouco consumido *in natura*. Muito doce, é ótimo para o **preparo** de refrescos, sorvetes, picolés, geleias, doces ou licores. O **mapati** é levemente adocicado e é facilmente confundido com a **uva**, pela cor e por crescer em cachos, daí ser conhecido também como **uva--da-amazônia**. É consumido ao natural. O **taperebá** é amarelo--escuro, muito perfumado e de sabor adocicado. Seu tamanho é idêntico ao de uma pequena ameixa. É muito apreciado em refrescos, licores, doces e sorvetes. Todos são frutos típicos da Amazônia.

O **bilimbi** é originário do Sudeste Asiático e provavelmente foi introduzido no Brasil pela região Amazônica, através de Caiena, de onde vem o nome "limão de caiena". Muito ácido para ser consumido cru, é ótimo na forma de picles, condimentos e **molhos**. Em inglês, o bilimbi é conhecido como *cucumber tree fruit* – literalmente, a fruta da árvore do pepino –, talvez uma referência ao fato de seu sabor e de sua aparência lembrarem os de um pequeno pepino. **Canistel**, também conhecida como **fruta-ovo**, **gema de ovo** ou **sapota-amarela**, é nativa da América Central. Tem sabor forte e pode ser consumida *in natura* ou batida com sorvete ou **leite**. **Longan** é uma fruta de origem chinesa da mesma família da lichia. De sabor adocicado, pode ser consumida ao natural, podendo ser conservada em calda ou desidratada. Também é chamada de **olhos de dragão**, devido ao formato e à coloração de suas sementes. A fruta é muito rica em cálcio e fósforo. **Mabolo** é uma fruta nativa das Filipinas. Pode ser servida frita na manteiga ou como sobremesa em saladas de frutas. Muitas vezes chamada de *velvet apple* (maçã aveludada) ou *peach bloom* (flor do pêssego), na Malásia é *buah mantega* (fruta manteiga). **Pitaia**, ou **fruta do dragão**, embora nativa da América Central, alcança sua maior produção no Vietnã. De casca forte e grossa, com escamas triangulares e polpa branca, seu sabor é agradável e adocicado. Suas sementes são laxativas, e suas **flores**, comestíveis.

Há séculos, o ritual de oferecer aos convidados docinhos feitos com **caqui**, do japonês *kaki*, que significa amarelo-escuro, faz parte da tradição dos casamentos nipônicos. É um sinal de amizade e de retribuição aos presentes recebidos. Na China, o caqui não pode faltar na ceia de Ano-Novo e faz parte do cardápio do **banquete** do **chá**.

O **damasco**, também conhecido como **abricó**, já era servido à mesa dos imperadores da China, por volta de 2000 a.C. Propagou-se do Extremo Oriente para a Ásia Ocidental e, devido ao seu grande desenvolvimento na Armênia, os romanos passaram a chamá-lo de *Armeniacum malum*, maçã-da-armênia. Os frutos são pequenos e arredondados, e podem ser consumidos frescos, em conserva ou secos. A amêndoa do caroço é comestível se for doce, mas é bom não arriscar. É mais frequente ser amarga, contendo uma substância que produz um violento veneno. Melhor consumi--la torrada, quando perde suas propriedades tóxicas.

O **durião** é uma grande árvore da família das bombacáceas, que produz um fruto espinhoso, semelhante à jaca no aspecto e no tamanho, e que, apesar de seu odor repugnante – é a fruta mais fedida do mundo, proibida em locais fechados, elevadores e transportes públicos no Sudeste Asiático –, produz um fruto delicioso. Pode ser consumido ao natural, adicionado a sorvetes ou utilizado na confecção de geleias e doces, e suas sementes, ricas em óleo, carboidratos e proteínas, podem ser consumidas depois de fritas, cozidas ou torradas. Cultivado na Indonésia, Malásia e Tailândia, é exportado para vários países por um preço altíssimo. Seu nome vem da palavra malaia *duri*, que significa ferrão.

A figueira é uma das mais antigas árvores frutíferas: uma pintura egípcia de Beni-Hassan, com 4.500 anos, representa uma colheita de figos; no **Antigo Testamento**, surge como um dos símbolos da abundância da Terra Prometida. Os figos tiveram, além do trigo e da azeitona, papel importante na alimentação dos povos mediterrâneos. **Solón** (639 a.C.-559 a.C.), ao governar a Ática, região famosa por seus deliciosos figos, chegou a declarar ilegal a exportação de figos, só para que não faltassem a seus cidadãos. Fruta nutritiva e de fácil digestão, era a predileta de **Cleópatra** (69 a.C.-30 a.C.). Chegou ao Brasil com os colonizadores portugueses, no século XVIII.

A **fruta-do-conde**, também conhecida como **pinha**, ficou assim conhecida por ter sido introduzida no Brasil pelo governador **Diogo Luís de Oliveira**, o conde de Miranda. Ele plantou a primeira árvore dessa variedade na Bahia, em 1629.

Alexandre Magno (356 a.C.-323 a.C.) buscou, durante muitos anos, uma porção mágica para alcançar a vida eterna. Durante uma expedição, deparou-se com algumas **maçãs**, que teriam servido de único alimento, durante quatrocentos anos, para sacerdotes imortais. Resolveu seguir o exemplo. Não deu certo. Morreu de febre tifoide aos 33 anos. Os alquimistas consideravam a **amora** um elixir para a longa vida. O rei francês **Carlos V** (1500-1558) creditou e chegou a ter 12 mil pés de amora em seus jardins. Assim como Alexandre Magno, deve ter tido uma grande decepção ao morrer aos 43 anos.

Ao descobrir o caminho marítimo para as Índias, **Vasco da Gama** (1469-1524), navegador português, permitiu que a manga viesse para a Europa e depois para as Américas. As primeiras mudas de mangas indianas chegaram ao Brasil por volta de 1700, na Ilha de Itamaracá (Pernambuco), onde encontraram solo fértil para se desenvolver. Espada, coração de boi, rosa, *bourbon*, ubá, carlota são algumas das variedades encontradas por aqui. Saborosa e suculenta, essa fruta seria o fruto proibido se o Jardim do Éden ficasse no Extremo Oriente, segundo o jesuíta espanhol **São Francisco Xavier** (1506-1552), apóstolo das Índias.

Consta que a rainha **Vitória** (1819-1901), da Inglaterra, depois de provar o **mangostão**, decretou-o como a fruta oficial da corte e dos banquetes reais – daí ter ficado conhecido como fruto da rainha. Originário do arquipélago Malaio, as sementes do mangostão são envolvidas por uma polpa branca e suculenta, de sabor delicado e doce. É considerada a fruta mais saborosa do trópico asiático.

No século XVI, ao chegarem ao Novo Mundo, os primeiros missionários espanhóis ficaram encantados com a exuberância de uma trepadeira cujas flores, que variam do lilás ao roxo, pareciam simbolizar os elementos presentes na Paixão de Cristo. A coroa franjada representava a coroa de espinhos com que Cristo foi crucificado; os três estigmas da flor eram os três cravos que perfuravam as mãos e os pés do Salvador; os cinco estames eram as cinco chagas de Cristo; as dez sépalas e pétalas representavam os apóstolos, excetuando **Pedro**, que negou Cristo, e **Judas**, que o traiu; a cruz, diziam vir no centro da flor; e o fruto redondo era a representação do mundo que o Cristo veio redimir. Por essa razão, os espanhóis denominaram o **maracujá** de *passiflora* (flor da paixão).

Vendida a peso de ouro, a melancia quadrada é invenção de uma pequena cooperativa agrícola de Zentsuji (Kagawa), na região de Shikoku, no Japão. A forma quadrada é obtida cultivando-a dentro de caixas de vidro. No Brasil, já é produzida em Icapuí, cidade no interior do Ceará, mas ainda não pode ser encontrada em **supermercados** brasileiros. Toda a produção é vendida para o mercado europeu ao custo de US$50 a unidade

Alexandre Dumas (1802–1870) gostava tanto de **melão** que ofereceu à cidade de Cavaillon todas as obras publicadas e futuras publicações de sua autoria, em troca do fornecimento de 12 melões por ano, até o fim de seus dias. Tão aficionado quanto Dumas foi o professor **Jacques Pons**, de Lyon, autor de um tratado universal sobre o melão, datado de 1538. Em sua obra, ele lista mais de cinquenta maneiras diferentes de utilizá-lo na culinária.

O profeta **Maomé** afirmava: "Coma **romã** para se livrar da inveja e do ódio." Símbolo de riqueza e prosperidade, considerada excelente fruto para a fecundidade, a romã foi introduzida e cultivada intensamente no sul da Espanha pelos árabes, que apreciavam muito a fruta. Prova disso, é a cidade de Granada (romã, em espanhol) ostentar, desde o século VIII, o nome do fruto.

Segundo a tradição, as armas que tivessem a bainha feita da madeira do **tamarindo** teriam poderes para derrotar o mais temível inimigo. Tanto no Sudeste Asiático quanto na Índia, acreditava-se que o tamarindeiro era morada de influências maléficas, sendo sua sombra e objetos produzidos de seu tronco considerados extremamente perigosos. Chegou à Europa pelas mãos dos árabes, que o denominavam *tamr al-Hindi* (tâmara da Índia), por acharem a polpa de seu fruto semelhante à da tâmara. Na Índia, suas folhas são usadas em saladas. De polpa agridoce, é ideal para refrescos, sorvetes e doces.

A uva desembarcou no Brasil em 1532, trazida pela expedição de **Martim Afonso de Souza** (1500-1571) , que tinha como missão colonizar o Brasil. **Brás Cubas** (1507-1592) , integrante da expedição, foi o primeiro viticultor em terras brasileiras. Plantou uvas inicialmente na região em que hoje fica a cidade de São Vicente, no litoral sul de São Paulo. Não obtendo sucesso, subiu a serra e experimentou plantá-las no Planalto de Piratininga, zona leste da capital paulista. O cultivo da uva no Rio Grande do Sul começou com o padre espanhol **Roque González de Santa Cruz**, que chegou à terra gaúcha vindo da Argentina para fundar a primeira missão jesuítica entre os índios da região das Missões, em 1626. Com a dominação portuguesa imposta sobre os povos missioneiros, o cultivo de uvas e a produção de **vinho** foram interrompidos, sendo retomados mais de um século depois, em 1742, com a chegada dos açorianos e madeirenses.

Legumes, verduras e cogumelos

A rainha florentina **Catarina de Médici** (1519-1589) era fanática por **alcachofra**, iguaria que tinha a fama de ser um poderoso afrodisíaco. Apesar de todo seu refinamento, tinha um apetite voraz à mesa e, diziam as más línguas, fora dela também. Rumores palacianos davam conta de que Catarina era ninfomaníaca. O comportamento da esposa do rei não devia ser mesmo muito exemplar, pois, depois de vários acontecimentos, viram por bem proibir o consumo de alcachofras pelas mulheres. Muitos séculos depois, **Marilyn Monroe** (Norma Jean Baker) (1926-1961), símbolo sexual da década de 1950, foi coroada Rainha da Alcachofra em Castroville, cidade americana conhecida como a capital mundial da alcachofra, na Califórnia.

No Egito Antigo, a **alface** era consagrada ao deus **Min**, protetor da agricultura e da fertilidade, representado segurando talos de alface, cujo suco era tido como afrodisíaco. Cultivada em hortas domésticas, os egípcios consumiam alface em grande quantidade, temperada com **sal** e **azeite**, pois acreditavam que ela tornava os homens apaixonados e as mulheres, fecundas.

Cumprida a missão de abortar as tentativas espanholas de instalar colônias nas costas da Cartagena, na Colômbia, **Francis Drake** (1540-1596) e seus homens resolveram descansar um pouco, acolhidos por uma tribo local, antes de voltar para a Inglaterra. O corsário **Malcolm Marsh**, um dos imediatos de Drake, depois de viver um tórrido romance com a filha de um chefe de uma tribo, resolveu zarpar na calada da noite, para fugir de um casamento indesejado. Ao perceber sua manobra, os nativos começaram a atirar flechas na direção do navio. Quando estas se esgotaram, passaram a arremessar **batatas**. O navio voltou para a Inglaterra, carregado de quilos e mais quilos de batatas. "Em um **banquete** em homenagem a seu amigo e cúmplice de aventura, Francis Drake, os tubérculos foram servidos assados na brasa", relata **Sílvio Lancelotti**. **Elizabeth I**, deliciada, perguntou como se chamava a iguaria. Sem graça, Marsh respondeu com o primeiro nome que passou por sua cabeça: "*Potato, madam!*". O nome da bela da tribo, por quem se apaixonou.

O conquistador espanhol **Francisco Pizarro** (1476-1541) encontrou as batatas entre os incas do Peru, em 1533. Na Europa, chegaram levadas pelos espanhóis e, pelas mãos de Francis Drake e **Walter Raleigh** (1554-1618), à Alemanha, durante a Guerra dos Trinta Anos, e à Inglaterra. Eram consideradas uma comida maldita em boa parte da Europa, por acreditarem que fossem transmissoras de uma série de enfermidades, como a lepra e a sífilis, e, como se não bastasse, davam às bruxas o poder de voar. Escoceses se negavam a consumi-las por não serem mencionadas na *Bíblia*. Americanos, por acharem que seu consumo encurtava a vida. Até os padres a difamavam perante os camponeses, alegando ser nociva à saúde. "Na verdade, temiam que a fécula de batata pudesse ser misturada à farinha de trigo, tornando-a inadequada para a preparação de hóstias", esclarece **Ariovaldo Franco**. Mas foi só no século XVIII, na França, que as batatas conseguiram conquistar prestígio. **Antoine Augustin Parmentier** (1737-1813), militar e agrônomo, tendo sido preso durante a Guerra dos Sete Anos (1756-1763), pelos tedescos, dedicou esse tempo ao estudo das batatas locais. Ao retornar à França, iniciou uma verdadeira campanha em prol dos tubérculos, até então utilizados apenas como alimento para o gado e para os miseráveis. Aproveitou um convite para uma recepção no palácio de Versalhes, para tentar convencer **Luís XVI** (1754-1793) de que a fome que assolava o país poderia ser superada com o cultivo de batatas. Ofertou a **Maria Antonieta** (1755-1793) um ramalhete de **flores** dessa planta e assegurou que as batatas eram a solução para acalmar a população. Esse encontro foi em 25 de agosto de 1785. A partir de então, a batata acabou penetrando na

Corte de Luís XVI. Como reconhecimento pelo seu esforço, recebeu o título de barão, a permissão de sua majestade para cultivar a planta no Champ-de-Mars e seu nome passou a identificar pratos à base ou guarnecidos de batatas.

No condado americano de Clark, em Dakota do Sul, festeja-se, no dia 28 de julho, o **Dia da Batata**. Os habitantes dessa região prestam homenagem à sua principal fonte de rendimento. Assistem à parada da batata, com os carros enfeitados a rigor, fazem concursos de decoração e escultura com batatas, concurso de receitas e uma luta livre em um ringue coberto de purê de batatas.

A **berinjela**, da mesma família do **tomate** e da batata, de origem indiana, não foi acolhida entusiasticamente na Europa. A população se recusou a comê-la, por suspeita de causar demência e epilepsia. A crença popular fez com que seu primeiro nome científico fosse *Solanum insanum* — daí a designação *mela insana* (maçã louca), dada no início pelos italianos. Na China Imperial, as cinzas da berinjela eram misturadas ao sal marinho e ministradas para garantir bocas e gengivas saudáveis. Também era comum usar uma tintura extraída da berinjela, para fazer um tipo de laca que era usada para escurecer os dentes da aristocracia.

A castanheira é uma árvore original do Mediterrâneo. Foi chamada de "árvore-do-pão", pois, com as **castanhas**, produzia-se um **pão** bem rudimentar que ajudava a aplacar a fome. Gregos e romanos já consumiam castanhas dois séculos antes de Cristo, para "arredondar as formas" e, segundo **Galeno** (129-200), filósofo e médico grego, regular o intestino. Do grego *kástanon* e do latim *castanea*, conhecida no Brasil como **castanha portuguesa**, é uma fruta seca, pequena, achatada e com casca marrom. Pode ser consumida como doce ou como salgado. Seu sabor lembra o da batata-doce, porém mais delicado. Quando vêm dois frutos no mesmo invólucro, recebem o nome de castanha; quando há um só, é denominada *marrom*, e este, por ser maior, é utilizado para fazer o marrom-glacê. **Carlos Magno** (742-814) adorava castanhas assadas servidas com **vinho**.

Conhecida há mais de 5 mil anos, a **cebola** é originária da Ásia Central, provavelmente da antiga Pérsia, atual Irã. Rapidamente, conquistou a Europa, entrando pela Grécia em torno de 500 a.C. Segundo **Heródoto** (484 a.C.-420 a.C.), foram gastas 9t de ouro na compra de cebolas para alimentar os operários que trabalharam na construção das pirâmides de Quéops, Quéfrem e Miquerinos. Egípcios descobriram no bulbo da cebola um símbolo do universo. Acreditavam que, assim como cada camada envolvia outra, o mundo subterrâneo era envolvido pela terra, que, por sua vez, era circundada pelo céu. Como algumas pessoas hoje juram sobre a *Bíblia*, os egípcios juravam sobre a cebola. Na Idade Média, além de ser usada como tempero, era utilizada como instrumento de espionagem: mensagens escritas com caldo de cebola, em vez de tinta, tinham a aparência de papel em branco cujo texto só aparecia aquecendo-se a folha. Chicago, a bela cidade ao sul do Lago Michigan, nos Estados Unidos, recebeu esse nome quando, em 1624, o padre francês **Père Marchette** (1637-1675) resolveu instalar uma colônia por lá. O forte odor que emanava das plantações de cebola da região era chamado, pelos nativos locais, de chicago, palavra escolhida por Marchette para batizar a então colônia. Ainda hoje, na França, sobrevive uma curiosa seita religiosa, com cerca de

4 mil fanáticos, que adoram a cebola como uma deidade capaz de lhes assegurar vida eterna. Cada fiel come meia dúzia dela crua, por dia.

Excelente fonte de proteínas, carboidratos, vitaminas, ferro e fibras, conta a mitologia greco-romana que **Hércules** engoliu um fumegante caldo de **feijão** antes de se lançar à proeza de deflorar cinquenta virgens em uma só noite.

Em 1876, **Couto de Magalhães** (1837-1898) registrou a lenda sobre a origem da **mandioca**, que conta ter nascido do corpo da pequena **Mani**, a qual morreu após completar um ano. Passado certo tempo, de seu túmulo, surgiu um arbusto desconhecido e, pouco depois, a terra em volta do arbusto se abriu, exibindo uma raiz carnuda. Os índios deram a ela o nome de *mani oka*, que significa casa de Mani. Nossos índios tupiniquins, encontrados por **Pedro Álvares Cabral** (1468-1520) na época do descobrimento, comiam **palmito**, batata-doce, **milho**, feijão, cará, amendoim, abóbora e, sobretudo, mandioca. Descascavam e ralavam a **polpa** e espremiam sua massa. Extraíam o caldo venenoso e a assavam ou torravam em recipientes de barro. A farinha pilada com peixe ou carne dava origem à paçoca, que era largamente empregada para afastar "tisanas e peçonhas", as doenças no linguajar da época. Dessa farinha, também saíam mingaus, beijus ou tapiocas, quitutes conhecidos até hoje. Existem mais de 250 variedades de mandioca. A mandioca de mesa, doce ou mansa, pode ser consumida frita ou cozida em água e sal, com um pouquinho de manteiga, e também pode ser empregada em bolinhos, **doces**, sopas, purês, suflês, pães, biscoitos, bolos e mingaus. É ingrediente ou acompanhamento de muitos pratos nacionais – **vaca atolada**, **tacacá**, virado à paulista, **quibebe** goiano. Também as folhas da mandioca são comestíveis. Chamada de **macaxeira** no Nordeste e **aipim** no Sul, apresenta uma variedade tóxica, a mandioca brava ou amarga, utilizada na indústria de polvilho.

O palmito cresce em juçaras, açaís, garirobas, indáias, pupunhas e em outros tipos de palmeira. A parte comestível é o que se chama de coração do palmito, de textura delicada e macia. Versão interessante diz que o nome veio de quando os primeiros ingleses chegaram ao Brasil e provaram do fruto extraído de dentro da palmeira, referindo-se a ele como *palm in to*. A **pupunha** é fruto da pupunheira e, assim como o palmito, já era antiga conhecida das populações indígenas. Da pupunha, tudo se aproveita: a raiz pode ser usada como vermicida; as flores, como tempero; as folhas, para fazer cestas e cobrir as habitações; o tronco, como madeira para construção de casas, arco e flechas e varas de pescar. Presta-se também à extração de óleo ou à produção de farinha, usada na alimentação humana e animal. Foi só a partir dos anos 1990 que se iniciou o cultivo da palmeira pupunha para a produção do palmito. Enquanto as outras palmeiras levam de seis a 12 anos para crescer, a pupunha atinge a fase adulta em menos de dois anos. Em relação ao palmito, a pupunha é mais doce, mais macia e mais amarelada. Além disso, ao contrário do palmito, a pupunha não escurece.

Nativo da costa latino-americana, daí seu nome asteca *tomatl*, o tomate não era conhecido até o século XVI, quando navegadores espanhóis levaram suas sementes para a Europa. Até que fosse aceito, percorreu um longo caminho. Considerado inadequado ao consumo, pois acreditavam ser venenoso – culpa da beladona, essa, sim, venenosa, de idêntico formato e textura semelhante –, seu uso era meramente decorativo, graças à beleza de seus frutos. Como as primeiras espécies trazidas eram amarelas, foi batizado na Itália de *poma d'oro* (maçã dourada), de onde vem seu nome atual, *pomodoro*. Em Nápoles, conquistou lugar à mesa, por volta de 1600, quando um cozinheiro mais ousado resolveu enriquecer uma salada de alface com finas fatias de tomate. Começou ali sua trajetória vitoriosa pela Europa. Os franceses, apesar de chamá-lo de *pomme d'amour* (maçã do amor), levaram algum tempo até introduzi-lo em sua culinária. Para os ingleses, continuou sendo, até um século depois, uma fruta decorativa e, nos Estados Unidos, só começou a ser cultivado em 1871, na Louisiana. Conhecido, até então, como fruto de ouro, só resgatou seu nome de batismo em meados do século XVIII.

Foi em Nápoles, no século XIX, que a indústria de conserva de tomates se desenvolveu. O uso crescente do suco de tomate em substituição ao suco de carne, bem mais caro, gerou a necessidade de se conservarem os tomates e seu suco por mais tempo. Surgiram, assim, o *concentrato* (extrato), uma base de tomate adicionada de sal e açúcar; a **polpa**, com pedaços de tomates sem pele e sem sementes, levemente concentrada e adicionada de água, sal e açúcar; a *passata* (suco espesso) e o *pomodori pelati* (tomates pelados).

A **trufa**, conhecida há 3 mil anos, já era servida nas mesas dos nobres atenienses. Era considerada uma fruta gerada pelo trovão e pela chuva do outono, vista como afrodisíaca e oferecida a **Vênus**. Iguaria apreciada no mundo inteiro, tem quase setenta variedades, sendo a melhor a branca, da região de Alba, no Piemonte, também conhecida como diamante branco, cuja safra tem início em outubro, seguida da negra Périgord, que atinge o auge da qualidade em meados de janeiro. Espécie de fungo raro e caro, a trufa é localizada com a ajuda de cachorros treinados desde pequenos para isso. Um bom farejador consegue sentir o cheiro a uns 70m de distância da trufa enterrada. Porcos também podem ser usados, mas o caçador tem de ser rápido, caso contrário, esses animais comem a trufa ao encontrá-la, motivo de a prática, hoje, ser bem reduzida. O treinamento consiste em esperar o cachorro ficar com fome e dar a ele, nessa hora, para cheirar e comer, pedacinhos de trufa. Com o tempo, o animal fica viciado.

A trufa nasce sempre na mudança de Lua, ao pé de árvores como o carvalho, a tília, o álamo e o salgueiro, a uma profundidade que varia de 20cm a 40cm do solo, em terrenos úmidos e bem expostos ao sol. Leva perto de duas semanas para atingir o tamanho ideal. Depois de retirada do solo, a trufa é limpa por um *tartufaio* com cuidado para não tocá-la com os dedos, o que faria com que apodrecesse. A conservação dessa iguaria é tão delicada quanto ela. Deve ser empregada rapidamente. A dica é mantê-la pelo período máximo de uma semana dentro do **arroz**, para evitar a umidade ou, se não for consumida logo, deve ser embalada a vácuo, condição que mantém suas propriedades por até um mês, ensina **Claude Troisgros**. Como prepará-la? Eis uma sugestão do brilhante compositor e **glutão** assumido **Gioacchino Rossini** (1792-1868), em carta à soprano **Isabella Colbran** (1785-1845):

> Toma-se azeite de Provence, **mostarda** inglesa, **vinagre** francês, um pouco de sumo de limão, pimenta e sal. Mistura-se tudo muito bem e juntam-se algumas trufas cortadas, em finos pedaços. A trufa dá uma espécie de auréola, que leva o gastrônomo ao êxtase.

Leite e iogurte

Muita gente confunde coalhada com iogurte. A diferença entre eles é sutil, a não ser por um detalhe técnico: a coalhada resulta do leite coagulado espontaneamente em casa. Iogurte é o termo empregado para a versão industrializada. O leite é fermentado pela ação de micro-organismos específicos. Na Europa, a coalhada apareceu pela primeira vez na França, durante o reinado de Francisco I (1494-1547), quando um médico judeu de Constantinopla tratou graves problemas digestivos que atormentavam Sua Majestade com o misterioso leite. Recuperado, o rei classificou a coalhada como *lait de la vie éternelle* (leite da vida eterna). Ingrediente de destaque em muitos pratos árabes, é bastante utilizada na culinária do Líbano – fresca, cozida, seca ou misturada com leite –, onde recebe o nome de *léban*. Ao iogurte, atribui-se o dom da longevidade, dadas suas propriedades nutritivas, dietéticas e digestivas. Nas mais diversas civilizações da Antiguidade, aparecem palavras para nominar alguns alimentos que teriam sido os precursores do iogurte: *mayzoom* na Armênia, *kast* na Pérsia, *benraib* no Egito e *yoghurt* na Turquia. No início do século XX, era considerado um medicamento, sendo comercializado apenas em farmácias. Essa realidade foi-se alterando progressivamente graças aos estudos realizados pelo biólogo russo Ilia Metchnikoff (1845-1915). Atraído pela longevidade que os habitantes da Bulgária e Turquia alcançavam, partiu da hipótese de que poderia derivar do consumo de iogurte. A partir de então, sua popularidade cresceu. Coube ao empresário judeu Isaac Carasso (1874-1939) a industrialização da produção de iogurte. Em 1919, Carasso começou um pequeno negócio de iogurte em Barcelona e chamou-o de Danone, em homenagem a seu primogênito Daniel. Durante a Segunda Guerra Mundial, Carasso emigrou para os Estados Unidos e estabeleceu seu negócio em Nova York, com o nome americanizado: Dannon. Em 1958, com Daniel no comando da empresa, voltaram para a Europa e instalaram a sede da companhia na França.

O primeiro registro histórico e concreto da utilização do leite como alimento está nas peças encontradas nas escavações de Tell Ubaid, o Friso dos Ordenhadores, datadas de 3100 a.C. A primeira cena mostra um homem sentado enquanto ordenha. A cena seguinte representa dois homens filtrando e vertendo leite em recipientes. Por fim, aparece um grupo de homens que recolhem em jarras o leite filtrado. Considera-se que os povos da Ásia domesticavam ovelhas e cabras há 10 mil anos e bebiam seu leite. O mesmo faziam também os sumérios. No Antigo Testamento, Deus fala a **Moisés** sobre a Terra Prometida, na qual corriam leite e mel. Os hebreus tinham o leite como símbolo da fertilidade. Os egípcios e os gregos atribuíam ao leite propriedades terapêuticas. **Hipócrates** (460 a.C.-377 a.C.), célebre médico grego do século IV a.C. dizia que "o leite é um alimento que está muito próximo da perfeição". **Pompeia** (31-65), esposa do imperador romano **Nero** (37-68), costumava tomar longos banhos com leite de jumentas, por crer em sua ação rejuvenescedora. A rainha egípcia **Cleópatra** (69 a.C.-30 a.C.), cultivava o mesmo hábito.

Um dos tabus alimentares mais conhecidos no Brasil, de norte a sul, é que "faz mal chupar **manga** e tomar leite em seguida porque causa congestão". Essa crença surgiu na época do Brasil colonial e foi espalhada pelos fazendeiros em regiões onde existia manga em grande quantidade e faltava leite. Foi a maneira que

Leite e iogurte

encontraram de evitar que os escravos tomassem leite às escondidas por ocasião das ordenhas, diminuindo, assim, o volume do produto que chegava à casa-grande.

Tomar um copo de leite morno, antes de dormir, tem efeito relaxante, sim, graças a uma substância presente no leite denominada triptofano, aminoácido precursor da serotonina.

Massas

Hoje, a versão mais aceita é a de que o macarrão foi introduzido na Itália pelos árabes, na época da conquista da Sicília, no século IX. Abu Abdallàh Muhammad ibn Idrìs (1110-1166), respeitado geógrafo árabe, não deixa dúvidas sobre isso, ao afirmar, em seu livro intitulado *Nuzhat al-mushtàq* "que entre a ilha e a região da Calábria, comia-se massa de farinha, água e vinho, no formato de fios longos, deixados ao vento para secar e, assim, ganhar melhor conservação, batizada de *itriya*".

Esse livro foi encomendado pelo rei Ruggero II (1095-1154), o Normando, dominador da Sicília, no século XII, exatamente cem anos antes do nascimento de Marco Polo (1254-1324), e ficou famoso posteriormente como *Il libro di Ruggero*. Também em Pontedassio, antigo vilarejo italiano da Ligúria, em 1279, foi registrada pelo tabelião Ugolino Scarpa, no inventário de bens de

Ponzio Bastione, um soldado genovês, uma *bariscela plena de macarronis*, isto é, uma barrica cheia de macarrão. Quanto à sua origem, em outubro de 2005, cientistas chineses encontraram em escavações no sítio arqueológico de Lajia, próximo ao rio Amarelo, no noroeste da China, o mais antigo vestígio da massa: um fio de massa com aproximadamente 50cm de comprimento por 0,3cm de espessura. Estava dentro de uma vasilha virada de cabeça para baixo, soterrada por camadas de argila, a cerca de 3m da superfície. Resumindo, a paternidade do *spaghetti* cabe aos chineses, sua divulgação aos árabes e sua variedade de tipos e formatos aos italianos. Quanto ao nome, tem origem na palavra italiana *spago*, que significa barbante.

Durante seus anos de embaixador na França, Thomas Jefferson (1743-1826) foi apresentado ao macarrão em uma viagem a Nápoles, e desenvolveu seu lado gourmet, chegando mesmo a plantar uma vinha no jardim de Monticello. Ao retornar, em 1789, trouxe para a América, além de um carregamento extra de *maccheroni*, a primeira máquina de macarrão. Tão encantado estava com os saborosos *noodles*, que acabou por inventar sua própria máquina.

Acreditando nos poderes afrodisíacos do macarrão, Casanova (1725-1798) — comia tanto que foi apelidado de Príncipe do Macarrão — escreveu um soneto para homenageá-lo, em Chioggia, em 1743. Em 1824, Antonio Viviani, poeta e dramaturgo napolitano, em seu poema *Li Maccheroni di Napoli*, narra de forma divertida as diversas etapas da elaboração da pasta. É nesse poema também que o termo *spaghetti* (barbantinho) aparece pela primeira vez para descrever os *vermicelli*. Além da poesia, o macarrão é música, bem sabia Gioacchino Rossini (1792-1868), autoproclamado *pianista di terza classe, mas primo gastronomo dell'universo*. Cozinhava bem, e sua especialidade era bucatini com foie gras. Gostava tanto da pasta de Nápoles, que recebia regularmente caixas provenientes de lá para abastecer sua despensa.

Reza a lenda que o tortellini nasceu das mãos do dono de uma hospedagem na estradinha que liga Bolonha a Modena, em Castelfranco Emilia, que serviu de cenário à noite de amor entre Baco, deus do vinho e da embriaguez, Marte, deus da guerra, e Vênus, deusa do amor e da beleza. Ao despertar no dia seguinte, nua e sozinha, Vênus chamou o dono da hospedagem para saber do paradeiro de seus parceiros. Extasiado com o que viu, foi para a cozinha e criou uma massa que reproduzia o umbigo da bela deusa.

Modos de preparo

Aves recheadas devem ser costuradas com fio dental, que é mais resistente e não rasga a pele.

O nome banho-maria seria uma alusão à alquimista Maria, irmã de Moisés, o líder hebreu que viveu entre os séculos XIII a.C. e XIV a.C., que teria inventado o processo de cozinhar ou aquecer um alimento lentamente, mergulhando a panela que contém o alimento em um recipiente com água fervente, posto sobre o fogo. Ou, ainda, derivaria do latim *balneum-maris* (mergulho no mar), método romano de utilizar as águas do Mar Tirreno para preparar sopas, caldos e cozidos datados de mais de 2 mil anos. Segundo a *Larousse Gastronomique*, poderia ser ainda uma referência à Virgem Maria, símbolo de doçura, já que esse termo evoca "o mais doce dos cozimentos".

A expressão americana **barbecue** deriva de um processo segundo o qual a carne é assada sobre brasas, em um buraco afundado no chão, chamado *barbacoa*, praticado desde o século VIII, na Sicília. Franceses reivindicam a origem, argumentando que viria da expressão *de la barbe à la queue* (do focinho até o rabo).

Confit é umas das formas mais antigas de conservação de alimentos. A palavra *confit* vem do verbo francês *confire*, ou seja, conservar. Consiste em cozinhar e conservar a carne em sua própria gordura. O nome também designa uma iguaria gastronômica – o *confit de canard* (**pato**) ou *d'oie* (ganso). O mais valorizado é feito com a coxa do pato ou do ganso, engordado para a produção do **foie gras**, que é colocada em um tacho de cobre chamado *grésale* para macerar em salmoura por 24 horas. Depois de dessalgada, a coxa é colocada para cozinhar na gordura, acrescida de **ervas** e temperos. Findo o processo, é envasada e armazenada em local fresco e seco. O *confit* é produzido em maior escala no sudoeste da França, nas regiões do Périgord, dos Gers e de Landes.

Nicolas François Appert (1749-1841), cozinheiro francês, sócio de Grimond de la Reynière (1758-1837) em uma lojinha de doces em Paris, aprofundou a ideia de colocar os alimentos em latas, a fim de conservá-los por longos períodos. A apertização foi aprimorada em 1810, pelo inglês Peter Durand, com a criação da lata revestida de estanho, mais resistente ao aquecimento. O método descoberto por Appert teve sucesso comercial e foi utilizado por Napoleão Bonaparte no abastecimento de suas tropas e na Marinha Mercante, para as longas viagens transatlânticas. Em 1809, o ministro de Administração Interna da França, conde Mantalivet, providenciou um prêmio de 12 mil francos franceses para que Appert tornasse públicas suas descobertas. Com o dinheiro, ele instalou a primeira fábrica de conservas do mundo, construída em Massy, perto de Paris, que se manteve em funcionamento por mais de vinte anos seguidos (1812-1933).

Aprendendo alguns pontos de calda:

❖ Calda em ponto de fio forte (103°C): ponto que você consegue quando a calda escorre da colher ou garfo em fios grossos que custam a cair. É utilizada como base para doces em pastas, geleias e recheios.

❖ Calda em ponto de bala mole (110°C): ponto que você consegue quando, ao passar uma colher de pau no fundo da panela, a calda fica visível, formando um sulco. É utilizada como base para balas, rapaduras e doces em pasta.

❖ Calda em ponto de pasta ou espelho (117°C): ponto que você consegue quando a calda escorre da colher ou do garfo em lâminas. É utilizada como base para frutas cristalizadas, bom--bocado e baba de moça.

❖ Calda em ponto de bala dura (125°C): ponto que você consegue quando, ao colocar um pouco da calda em um recipiente com água fria, esta se solidifica imediatamente e adquire consistência quebradiça. É utilizada como base para balas de coco, de ovos e para espelhar doces.

❖ Calda em ponto de caramelo (145°C): ponto que você consegue quando a calda apresenta uma aparência vítrea, uma tonalidade dourada e um perfume característico de caramelo. É usada para forrar formas para pudins e como base para refrescos, cremes, pavês e *pralinés*.

Mais preocupados com a aparência dos pratos do que com o sabor, os cozinheiros medievais lançavam mão das cores, no momento do preparo, para criar pratos visualmente apetitosos. A cor verde era obtida com o uso da salsa ou do espinafre; o amarelo, com gema de ovo ou açafrão; o vermelho, com o uso de um extrato de madeira de sândalo vermelho; e o azul, com frutas silvestres.

"A Inglaterra tem três **molhos** e 360 religiões, enquanto a França possui três religiões e 360 molhos", já dizia o príncipe **Talleyrand-Périgord** (1754-1838), autor do livro *Le Viandier*. Os franceses confirmam: *La sauce fait manger.*

A **Francesco Leonardi**, cozinheiro de **Luís XV** (1710-1774) e **Catarina II** (1729-1796) da Rússia e autor do livro *L'aspicio*, uma enciclopédia da cozinha italiana em seis volumes, publicada em 1790, atribui-se a receita do molho al **sugo**, base de todas as demais espalhadas pelo mundo afora.

O molho **armoricaine** foi criado pelo **chef** francês **Pierre Fraisse**, conhecido como Peters, proprietário do **restaurante** Chez Peter's, em Paris, no século XIX. Querendo preparar algo que substituísse o *court-bouillon*, Peters juntou, então, em uma panela, tomates, **alho**, manteiga, **cebola** roxa, **vinho** branco, **azeite de**

oliva e conhaque. Em seguida, colocou uma lagosta e esperou que cozinhasse. Sua excitação foi tão grande ao provar do molho que, no momento de batizá-lo por escrito, em vez de anotar *sauce à l'américaine*, colocou no menu *sauce à l'armoricaine*. Apesar do erro, o nome permaneceu.

O molho **béarnaise** é uma variação do molho **holandês**. Cogita-se que foi criado em Paris por **Collinet**, cozinheiro do restaurante Pavillon Henri IV, em Saint-Germain-en-Laye, a noroeste de Paris, por volta de 1830. O nome seria uma homenagem a **Henrique IV** (1553-1610), primeiro rei da dinastia Bourbon, nascido na cidade de Pau, na região de Béarn. Para prepará-lo, ferva um punhado de **estragão** e cebola picada em uma mistura de **vinagre** ou vinho branco até que boa parte do líquido se tenha evaporado. Coe, volte ao fogo brando e acrescente gemas de ovo. Em seguida, já fora do fogo, adicione manteiga derretida, aos poucos e sem parar de bater. Por último, **sal**, pimenta, umas gotinhas de limão, salsinha picada e está pronto o molho.

Um dos quatro mais importantes molhos da cozinha francesa, o molho **béchamel**, também conhecido como molho branco, tem quatro versões para sua origem:

❧ Teria sido criado pelo marquês de Nointel, **Louis Béchamel** (1630-1703), especialista em agricultura, financista, coletor de impostos e assessor do rei **Luís XIV**, para tornar mais apetitosa uma receita de **bacalhau** seco.

❧ Seria **François Pierre La Varenne** (1618-1678), chef francês do rei Luís XIV (1638-1715), contemporâneo de Louis Béchamel, o autor do molho. Fundador da cozinha clássica francesa, em seu livro

Le cuisinier françois (1651), consta a receita do molho. O nome seria um agrado ao marquês.

❖ O molho seria obra do duque **Philippe de Mornay** (1594-1623), governador de Saumur, lorde de Plessis e líder protestante.

❖ Na versão italiana, o molho já existia no século XIV, sob o nome de *besciamella* ou *basciamella*, na região de Cesena, e teria sido introduzido na França, no século XVI, pelos cozinheiros italianos de **Catarina de Médici** (1519-1589), na época de seu casamento com o rei **Henrique II** (1519-1559). Mistura de **leite** quente, temperada com louro e **noz-moscada**, manteiga derretida e farinha de trigo, acompanha pratos salgados que tenham por base **peixes**, **ovos** ou legumes e pratos gratinados.

A história nos conta que, ao ser chamado para ir ao encontro do rei, no palácio de Versalhes, o marechal de **Luxemburgo** (1702-1764) teve de interromper seu jantar no Castelo de Montmorency. Ao regressar, já esfomeado, serviram-lhe o que havia sobrado da refeição, um *fricassée* de frango ao molho branco. O marechal adorou. Passados alguns dias, pediu que fosse servido o mesmo prato, batizado agora de *volaille refroidi*. O marechal não aprovou o nome e sugeriu: *Non! Appelez plutôt ce plat un **chaud-froid***. (Não! Chame este prato de quente-frio.) E assim foi, no ano de 1758, na França.

Inventivo e extravagante, de sua cozinha saíram pratos inusitados, como grelhado de cervo com molho de framboesas, tromba de elefante no molho *chasseur*, assado de lobo no caldo de ossos de cervos, todos servidos no restaurante Voisin, na Paris de 1870. O chef **Pierre Choron** (1541-1603) mantinha um convênio com o zoológico local para abastecê-lo de animais selvagens. De sua autoria, também é o molho **Choron**, uma variação do molho béarnaise acrescido de extrato de **tomate**, que pode ser servido com peixes grelhados, *steaks*, ovos *pochés* e *steak* de lombo de aliá sobre fundos de **alcachofra**, o prato que inspirou o molho.

Em visita à Itália, em 1660, **Jean Audiger**, mestre confeiteiro de **Jean-Baptiste Colbert** (1619-1683), ministro de Luís XIV, rei da França, provou o vinho de Marsala. Da visita, Audiger teve a ideia de criar um molho à base de caldo de carne, manteiga, noz-moscada, pimenta vermelha, limão e vinho Marsala, próprio para carnes grelhadas, que batizou com o nome de seu empregador, **Colbert**.

François Pierre La Varenne (1618-1678) escreveu o primeiro livro de cozinha a colocar em prática as inovações francesas surgidas no século XVII: *Le cuisiner François* (1651), seguido por *Le patissier François* (1653), *Le confiturer François* (1654) e *L'école des ragoûts* (1668). Trabalhando como cozinheiro-chefe do marquês **d'Uxelles**, formulou um molho para acompanhar peixes e carnes brancas, à base de cogumelos frescos, devidamente registrado no seu primeiro livro e batizado de sauce **duxelles**.

O molho **escabeche** foi trazido para o Brasil pelos primeiros imigrantes espanhóis. Nasceu do antigo procedimento de eliminar a cabeça de um pescado antes de sua preparação. Além de peixes, **aves**, carnes e legumes podem ser preparados dessa maneira. Depois de limpo e frito em **azeite**, o alimento é posto para descansar em uma mistura que leva cebola, alho, louro, pimentões, tomate, vinagre e **especiarias**, por 24 horas.

O molho **espanhol** foi obra do chef francês **La Chapelle** (1703-1745), levado para a corte francesa na ocasião do casamento de Luís XIV com a infanta **Maria Teresa d'Áustria** (1717-1780), filha de **Felipe IV** (1605-1665) da Espanha, em 1660. É preparado a partir de um *roux* escuro e um fundo escuro, **mirepoix** e purê de tomates. É chamado de *sauce-mère*, a mãe dos molhos, porque é a base para muitos outros, como o *bourguignonne* e o *bordelaise*.

O molho mais utilizado da História, desde a Antiguidade até o Renascimento, foi o **garum**. Preparado com vísceras e sangue de peixe salgados em barris, o molho ficava exposto ao sol para fermentar, por até dois meses. Se elaborado com cavala ou sardinha, recebia o nome de *liquamen*, molho melhor e mais caro; o *allex* e o *muria* eram feitos com restos de anchova. Depois de pronto, era transportado em ânforas de barro, que continham inscrições com detalhes do grau do produto, fabricante e os ingredientes usados. Dos centros de produção na Espanha e em Pompeia, era enviado para todo o Império Romano. Sua fabricação e comercialização fizeram a fortuna dos entrepostos, que se multiplicaram ao longo do Mediterrâneo. No final do século V, já depois da queda do Império Romano, o garum desapareceu por completo das mesas europeias. Segundo algumas teorias, o domínio árabe que se seguiu pode explicar o sucedido, uma vez que essa cultura não valoriza o peixe como alimento. Atualmente, o *nam pla* da Tailândia, o *nuoc nam* do Vietnã, o *pastis* das Filipinas e o *tuk trey* do Camboja são os molhos que apresentam uma fórmula similar ao garum.

O molho holandês, elaborado com manteiga clarificada e gema de ovo, era originalmente conhecido como molho Isigny. Isigny-sur-Mer é uma cidade da Normandia, famosa por produzir umas das melhores manteigas da França. Durante a Primeira Guerra Mundial, a produção escasseou, e a França teve de começar a importar manteiga da Holanda. Para indicar a procedência da manteiga, o nome mudou para *hollandaise* e assim permaneceu.

O nome **ketchup** deriva de um molho de peixe muito condimentado, chamado de *ke-tsiap*, que era encontrado na China, no século XVII. Era feito de caldo de peixe, mariscos, soja, sal e vinagre. Trazido para a Europa pelos navegadores ingleses e holandeses no século XVIII, sofreu inúmeras alterações. Cogumelos, nozes, pepinos e pimentões foram adicionados, mas foi o americano **Henry John Heinz** (1844-1919) que, em 1876, acrescentou tomates à mistura e deu a forma que tem até hoje.

São muitas as versões para a origem etimológica da palavra **maionese**. Uma das mais aceitas diz que o molho foi criado em 24 de junho de 1756 por **Leroy**, cozinheiro que servia o marechal e duque de **Richelieu** (1696-1788), durante a luta pela conquista de Mahón, capital de Minorca, e possessão espanhola ocupada por ingleses, no Mediterrâneo Ocidental. Desafiado a cozinhar sem fogo, a fim de não denunciar a posição da tropa ao inimigo, e com os poucos ingredientes de que dispunha, Leroy bateu uma gema de ovo com azeite e pingou vinagre, criando um molho frio para enriquecer um prato. A esse molho, chamou de *mahonnaise*, homenageando Mahón. Ao retornar à França, o molho fez enorme sucesso e a palavra foi afrancesada – trocou o "h" por um "y" – e virou *mayonnaise*. Consagrada na França, voltou para a Espanha como *mayonesa*. Para **Antonin Carême** (1784-1833), o nome seria uma variável do gaulês *manier*, manipular – daí *magnionnaise*. Já para **Prosper Montagné** (1846-1948), chef francês, seria uma corruptela de *mayeunaise*, derivada do francês antigo *moyeu*, gema de ovo. Alguns acreditam que o molho teria sido batizado *mayennaise*, em homenagem a **Charles de Lorraine**, duque de Mayenne (1554-1611), que lutou contra Henrique II na Batalha de Arques, em 20 de setembro de 1589. Outros alegam que seria uma homenagem à cidade francesa de Bayonne, berço do molho. O nome *mayonnaise* derivaria de *bayonnaise*. Também poderia ter sido criado por certo cozinheiro **Magnon**, originário do sul da França. Deixando a polêmica de lado, para fazer esse molho, deve-se dispor de gema de ovo, azeite, gotas de limão, sal e pimenta. Aïoli (com alho amassado), andaluz (com molho inglês, pimentões e purê de tomate), cambridge (alcaparra, anchova, **mostarda em pó**, ovo picado e rabanete), golf ou rosa (com molho de tomate ou ketchup, conhaque e molho inglês), tártaro (alcaparra ou pepino, salsa ou estragão e cebolinha, tudo bem picadinho), thousand island (molho golf acrescido de **ervas** aromáticas), thonné ou tonnata (com atum, anchova e alcaparra) e wasabi (com raiz forte) são algumas consagradas variações.

Quem criou o molho **mornay** foram os italianos, que já o utilizavam desde o século XVII nos gratinados da Emilia-Romagna. **Joseph Voiron**, proprietário do restaurante parisiense Durand, na Place de la Madeleine, a quem creditam a invenção, apenas acrescentou gemas de ovos à receita original, batizando sua criação com o nome de seu filho mais velho, **Mornay**, no final do século XIX.

O nome **putanesca** vem do italiano *puttana*, que significa "prostituta". A história que se conta é que foram as *puttanas* de Nápoles que criaram a *salsa alla puttanesca*. O aroma delicioso de azeitonas, alho e anchovas cozinhando no molho de tomate atraía mais fregueses, segundo elas.

O *ragù* é um molho à base de carne bovina, vinho tinto, azeite, cenoura, cebola e tomate, e apresenta variações conforme a região em que é preparado. No *ragù* napolitano, as carnes são retiradas na hora de servir e saboreadas à parte, como segundo prato. Seu **preparo** exige paciência e muito tempo, uma vez que leva horas até ficar pronto. Daí ter sido conhecido por *Ragù alla Guardaporta,* no século XVII, quando nasceu. No *ragù* bolonhês, a carne não é descartada, mas incorporada ao molho, desfiada, picada ou moída. Na Itália, a coisa é tão séria que, em 1982, os membros da Academia de Cozinha se reuniram e unificaram a receita desse molho, posteriormente registrada na Câmara de Comércio de Bolonha, a fim de assegurar sua preservação. O molho bolognese foi inventado por **Farnese**, um cozinheiro de Parma, que serviu o papa **Paulo III** (1468-1549). Em Parma, tem o nome de Farnese.

Logo após a Guerra Civil americana (1861-1865), o banqueiro **Edmund McIlhenny** (1815-1890) foi à bancarrota. Desiludido,

resolveu mudar para Avery Island, no estado da Louisiana, para cuidar de umas terras pertencentes à família de sua mulher. Tendo sido presenteado por um amigo viajante, com umas sementes da espécie *Capsicum frutenses*, uma variedade conhecida entre os nativos da América Central desde os tempos pré-colombianos, decidiu plantá-las. Entusiasmado com o porte e o sabor dessa ilustre e desconhecida pimenta vermelha, elaborou um molho com vinagre, sal, açúcar e aromas, tendo como base a tal pimentinha, e resolveu testar sua iguaria: preparou uma grande quantidade do molho, engarrafou em vidros de colônia e distribuiu em algumas lojas da região. O sucesso foi imediato. Batizado de **Tabasco**, estado homônimo do sul do México, onde têm origem as pimentas, o molho de pimenta foi colocado no mercado em 1868. É produzido com sementes colhidas manualmente, maceradas, fermentadas e envelhecidas em barris de carvalho branco de Kentucky. Para evitar que o ar entre no barril e prejudique a fermentação, as tampas são cobertas com uma grossa camada de sal. Após três anos, são abertos os barris, e a pasta resultante é acrescida do mais puro vinagre. Cada lote é inspecionado por um membro da família McIlhenny, que verifica seu aroma e sabor.

Tucupi, um dos molhos tradicionais da cozinha amazônica, sobretudo do Pará, é o suco da **mandioca** brava, amarela. É obtido da prensagem da massa ralada das raízes da mandioca, "em prensas mecânicas ou torcida pelo esforço humano no tradicional tipiti indígena, um cesto longo e fino de palha, ainda muito usado", afirma **Caloca Fernandes**. "O suco é fervido várias vezes para perder o veneno do ácido cianídrico", completa. O tucupi participa de dois famosos pratos da cozinha brasileira: o **pato no tucupi** e o **tacacá**. Pode ser usado também no preparo de peixes e como molho de caças.

Uma lenda amplamente divulgada conta que a receita do molho **Worcestershire** foi trazida das Índias Orientais para a Inglaterra por sir **Marcus Sandys** (1798-1863), governador de Bengala (Índia), que a entregou à Lea & Perrins, uma casa de manipulações químicas, para executá-la em 1823. Anchovas, melaço, açúcar, extrato de carne, cebolas, alho, **cravo**, **tamarindo** e vinagre de malte compunham os ingredientes declarados. O resultado inicial não agradou. O molho foi armazenado e esquecido. Passado um ano, resolveram experimentá-lo para ver se continuava tão ruim quanto lembravam. O molho havia fermentado e tornara-se bem atraente. Considerado o melhor molho inglês do mundo, foi lançado em 1838 e tem esse nome por ter sido engarrafado em Worcester, na Inglaterra.

Outros ingredientes

Açafrão ✔

Flores ✔

Capuchinha ✔

Salsão ✔

✔ massa folhada

Flores conferem beleza aos pratos e agradam ao paladar, pelo sabor que acrescentam. Pétalas da calêndula são substitutas do açafrão para colorir arroz, sopas e doces, e são utilizadas em saladas, massas, manteiga e queijo. A capuchinha, conhecida como "alcaparra dos pobres", pode ser consumida fresca, curtida em vinagre ou empanada. A violeta é muito utilizada para adornar bolos, tortas e pudins e, para alguns, é considerada afrodisíaca. Amor-perfeito vai bem em saladas de frutas ou doces. As rosas, quanto mais perfumadas, mais saborosas. Acompanham saladas, sorvetes, bolos, caldas, geleias e chás. As flores devem ser orgânicas e é importante distinguir as partes comestíveis antes de utilizá-las.

Em 1869, Napoleão III, derradeiro imperador da França, ofereceu um prêmio para quem descobrisse um substituto mais barato à manteiga e de melhor preservação. Na época, a França

enfrentava uma grande crise econômica, e a manteiga tornava-se um produto cada vez mais escasso e caro. Hippolyte Mergé-Mouriés (1817-1880), químico francês, decidiu imitar o processo natural que ocorre no organismo das vacas leiteiras, que, mesmo quando perdem peso por carência de alimentos, continuam a produzir leite, embora em quantidades menores. De suas experiências, resultou uma nova gordura, advinda da extração de um líquido oleoso denominado óleo margarina. O nome de margarina, derivado do grego *margaron*, que significa "pérola", foi dado à nova invenção por causa da aparência perolada que apresentava. No ano seguinte, estourou a guerra franco-prussiana e foi preciso interromper a produção do produto, retomada apenas em 1872, com sua patente já adquirida pela empresa Jurgens, matriz do complexo Van den Bergh & Jurgens.

A massa folhada composta de farinha de trigo, sal e água é simples em relação aos ingredientes, mas trabalhosa na etapa da elaboração. Alguns autores creditam a Claude Gelée (1600-1682), o Lorraine, artista célebre do século XVII, sua criação. Incumbido de preparar uma massa à base de manteiga, ao levar ao forno se dá conta de ter se esquecido de incorporar esse ingrediente à massa.

Achata daqui, amassa dali, joga manteiga por cima e dobra nas bordas para não vazar, põe no forno e... Não é que deu certo? Pura obra do acaso, mas vale a ressalva: árabes já conheciam e elaboravam doces recheados de frutas e especiarias, banhados em mel e almíscar com massa folhada. Gregos, romanos e egípcios a amassavam com óleo na Idade Média.

Mirepoix é uma mistura de verduras cortadas em cubinhos — cenoura, cebola e salsão —, podendo ser acrescida de presunto ou toucinho. Dizem ter sido criada no século XVIII pelo cozinheiro do duque de Lévis-Mirepoix, Charles de Lévis (1647-1717), marechal e embaixador de Luís XV (1710-1774) da França.

Ovos

Por pressão dos pais, Oswald Mellet formou-se médico. Ao retornar à sua cidade natal, com o diploma debaixo do braço, resolveu atender à sua real vocação: ser cozinheiro. Abriu um restaurante onde servia pratos à base de ovos. Na porta de entrada, colocou uma placa em que se lia *dr. O. Mellet*. Ao contarem essa história, os ingleses reivindicam a origem da omelete, segundo Sílvio Lancelotti. Certo é que os romanos já se deliciavam com a mistura de claras e gemas batidas com mel e cozidas, chamada de *ova mellita*, servida em uma travessa de argila, e que a versão salgada nasceu na Idade Média, pelas mãos do chef Taillevent, apelido de Guillaume Tirel (1310-1395), que a batizou de *arboulastre d'oeufs*.

O casal Le Grand Benedict, dois clientes tradicionais do restaurante Delmonico de Nova York, é responsável pela criação dos famosos ovos Benedict, no ano de 1920 – não confundir com os *ovos beneditinos*, ovos *pochés* sobre leito de bacalhau desfiado e coberto de creme, predileto do papa Benedicto III. Enfadada com as opções do menu, a senhora Le Grand Benedict protestou. Como resposta, o restaurante criou essa deliciosa entrada. Doure os *muffins*. Deposite fatias de presunto salteadas na manteiga sobre eles, depois os ovos *pochés* e, por último, o molho holandês. Para guarnecer, uma lasquinha de trufa.

Os ovos dos mil anos, finíssima iguaria chinesa, são ovos frescos de galinha ou pata, recobertos com limão, cinzas e sal, e enterrados por cem dias. As claras ficam firmes e transparentes, como uma gelatina dura, e as gemas escuras, quase pretas. Têm um cheiro típico, que lembra o enxofre. Também conhecidos como Ovos da Dinastia Ming (1368-1644), são consumidos como aperitivo, acompanhados de molho e fatias de gengibre.

Pães e sanduíches

De origem ainda incerta, o **pão**, base da alimentação da quase totalidade dos seres humanos, é conhecido desde o período Neolítico. Inicialmente, era feito de **grãos** de cereais triturados com pedras, amassado com água e colocado sobre pedras quentes ou debaixo de cinzas para assar, o que resultava em um pão achatado, duro e seco. Os afrescos da época de **Ramsés II** mostram que, no Egito, se amassava a farinha – inicialmente de **milho** e depois de trigo –, misturada com água, vagarosamente com os pés descalços, até obter massa homogênea. Coube aos egípcios a descoberta do primeiro fermento que se tem notícia, o *levan*, de levedura, o que não surpreende, uma vez que já produziam **cerveja** fermentada. O pão feito com a nova descoberta se impôs rapidamente, ainda que, em algumas civilizações orientais, o pão ázimo

— sem fermento — tenha se mantido. Quanto à farinha, utilizavam qualquer grão para fazer pão, do milho à cevada, passando pelo centeio e pelo painço. Os gregos conheceram o pão por intermédio dos egípcios, cabendo-lhes o mérito de desenvolver a arte da panificação. Mestres padeiros da Antiguidade criaram mais de cinquenta pães diferentes e diversos **modos de preparo**, acrescentando **ervas**, sementes, **frutas** e óleos vegetais à massa. A palavra latina para nomear o pão, *panis*, vem do grego *puanos*. Os romanos, por sua vez, aprenderam com os gregos e gostaram do ofício. Essa paixão foi imortalizada por Juvenal, o grande poeta satírico romano, o qual dizia que os dois únicos interesses do povo romano de sua época eram *panem et circenses* (pão e circo). Durante o reinado do imperador **Trajano** (53-117), fundaram a primeira associação de panificadores e uma escola, de onde surgiram novas técnicas de moagem.

Como o processo de refino da farinha branca era muito caro, o pão virou iguaria exclusiva de ricos e nobres. A posição social de uma pessoa podia ser discernida pela cor do pão que ela consumia. Pobres só comiam pão em dias de festas — na Páscoa, os conventos distribuíam o *panis caritatis* (pão da caridade). No século XV, na França, surgiu o *pain bizarré* — um produto em que se misturavam tranças de pão branco e preto —, destinado a *les gens de moyen étoffe* (pessoas de médio estofo). No Brasil, o consumo de pão só se popularizou depois do século XIX. Até então, o brasileiro consumia, em grandes quantidades, a farinha de **mandioca** e o biju, apesar de já conhecer o pão de trigo desde a chegada dos colonizadores portugueses, aponta **Câmara Cascudo**.

Contam que um matuto resolveu satisfazer sua curiosidade com relação ao pão, considerado finíssima iguaria. Vindo a Aracati, cidade cearense próxima a Fortaleza, entrou em uma padaria, encheu o chapéu de pães e sentou-se à sombra de uma árvore. Pôs-se, então, a descascá-los, como se fossem bananas ou laranjas, comendo-os em seguida. Não gostando do paladar, atirou-os fora, exclamando, frustrado: "Isso não serve para nada."

Bagel é um pãozinho em forma de rosca, que passa por um cozimento antes de ser assado no forno. O bagel foi trazido aos Estados Unidos por imigrantes judeus da Europa Oriental, por volta de 1932. É muito popular no café da manhã dos nova-iorquinos. Em Nova York, por sinal, o **chef Frank Tujague**, do hotel The Westin New York, na Times Square, criou uma versão luxuosa. O bagel recebe um recheio feito com cream cheese, trufas brancas e sementes de *goji*, um fruto típico do Himalaia, maceradas em **geleia** Riesling. Os ingredientes são cobertos por delicadas folhas de ouro. A iguaria custa US$1 mil, e o dinheiro arrecadado com a venda vai para a Les Amis d'Escoffier Funds, uma instituição que financia bolsas de estudo na área de Gastronomia.

A **baguete** é um dos símbolos franceses e remonta aos tempos da revolução. No dia 15 de novembro de 1793, um decreto determinou que todos os franceses estavam obrigados a comer o mesmo pão, o *pain égalité*, o pão da igualdade, e que todos os padeiros, sob pena de prisão, deveriam fabricá-los iguais. "Na medida em que a riqueza e a pobreza devem desaparecer em um regime de igualdade, não mais se fabricará um pão de farinha de trigo para o rico e um pão de debulha para o pobre." Em 1856, o governo imperial regulamentou as dimensões da baguete: 60cm de comprimento e 250g de peso.

O **bauru** nasceu no Ponto Chic, bar localizado no Largo do Paissandu, em São Paulo, em 1933. Conta o autor da iguaria, o então estudante bauruense de Direito **Casimiro Pinto Neto**, o Bauru (1914-1983):

> Estava com muita fome naquela noite. Chegando atrasado ao bar para uma partida de sinuca, quis comer algo substancioso e nutritivo. Tinha lido um livreto de alimentação para crianças, da Secretaria de Educação e Saúde, escrito pelo ex-prefeito **Wladimir de Toledo Pisa** (1905-1999). Aproximei-me do cozinheiro **Carlos** e falei: "Abra um pão francês, tire o miolo e coloque queijo derretido. Acho que está faltando um pouco de albumina e proteína nisso, bota umas fatias de rosbife junto com o queijo." Carlos já ia fechando

de novo o dito pão quando sugeriu: "Falta vitamina, bota aí umas fatias de tomate."

O gosto ficou fantástico. Quando já estava partindo para o segundo sanduíche, chegou o amigo Quico (Antonio Boccini Jr.), que provou e gostou. Então, gritou para um garçom russo do bar, o Alex: "Me dê um desses do Bauru." Daquele dia em diante, a criação começou a ganhar fama, e o Bauru se tornou conhecido Brasil afora. Tão variadas foram ficando as receitas que os habitantes de Bauru, preocupados com as alterações no modo de preparo, resolveram transformar a fórmula original em lei (Lei Municipal nº 4.314, de 24 de junho de 1998). O sanduíche também tem sala própria no Museu Municipal de Bauru, selo de qualidade e pedido de inclusão como Patrimônio Cultural no Instituto do Patrimônio Histórico e Artístico Nacional (Iphan).

Diz a lenda que o beirute nasceu nos anos 1950, fruto da pressa de um cidadão que, depois de observar a vitrine-balcão do restaurante Bambi, de cozinha árabe, não se animou a comer quibes e esfihas e pediu um sanduíche. O garçom explicou que ali só havia pão sírio e não se fazia sanduíche. O cliente insistiu: "Tem rosbife, queijo e tomate? Então, faz um bauru nesse pão mesmo." O sanduíche fez sucesso e entrou no cardápio da casa, batizado Beirute, cidade de origem do cliente afobadinho.

Pequeno pão de massa macia, preparado com açúcar, fermento, farinha, ovo, manteiga e sal, e com bordas em gomos, o brioche não tem origem certa. Teria vindo das regiões de Champagne-Ardenne e Lorraine (nordeste da França) ou da região da Bretagne, mais precisamente da cidade de Saint Brieuc, cujos habitantes são conhecidos por briochins, daí brioche. Inicialmente, era privilégio dos nobres. No auge da Revolução Francesa, quando os plebeus, irados, pediam pão em frente ao Palácio de Versalhes, a rainha **Maria Antonieta** (1755-1793), completamente distante da realidade, cunhou a célebre frase: "Se não há pão, que o povo coma brioche." Com o tempo, foi se popularizando e passou a frequentar todas as mesas.

Há inúmeras versões sobre o aparecimento do **cachorro-quente**. Segundo **Breno Lerner**, uma das mais aceitas afirma que a ideia de colocar a *frankfurter* em um pão teria ocorrido a **Harry Mosley Stevens** (1857-1934), concessionário do estádio Polo Grounds, em Nova York, durante um jogo de beisebol dos Giants, em 1900. Em um dia frio de abril, suas vendas de refrigerante e sorvete estavam péssimas, e ele teve a ideia de vender salsichas cozidas. Colocou-as dentro de um pão, para que os torcedores tivessem como pegar e comer as salsichas quentes. Seus vendedores gritavam para os torcedores: *"They're hot! Get your sausages while they're hot!"* (Elas estão quentes! Peguem suas salsichas enquanto elas estão quentes!). Da cabine de imprensa, o cartunista esportivo **T.A. "Tad" Dorgan**, do *New York Journal*, ouviu a gritaria e viu o sucesso que faziam os sanduíches. No outro dia, junto com as charges do jogo, ele publicou um desenho de um cão Dachshund, uma raça de pernas bem curtas e corpo longo, entre duas fatias de pão e coberto de **mostarda**. Na pressa, sem saber como escrever corretamente o nome da raça, e brincando com a crença de que as salsichas eram feitas com carne de cachorro, colocou a legenda *Hot* *dog*. A charge, como se sabe, foi um estrondo (é guardada até hoje por seus descendentes), e o nome batizou definitivamente o sanduíche, conclui Lerner. Outra versão diz que, em 1904, durante a Feira de Compras da Louisiana, em St. Louis, **Anton Feuchtwanger**, comerciante de origem bávara, vendia salsichas quentes e fornecia luvas de panos aos clientes para que não queimassem as mãos. O prejuízo era grande, uma vez que elas jamais retornavam. A solução veio pelas mãos de seu cunhado, que era padeiro. Ele criou um pão comprido o suficiente para abraçar a salsicha, inventando o cachorro-quente.

O **croissant** foi criado por padeiros austríacos em 1686, para comemorar a vitória dos austríacos sobre os turcos, quando estes tentavam invadir Budapeste. Durante a noite, enquanto trabalhavam, um grupo de padeiros descobriu que os turcos comandados por **Kará Mustafá** (1634-1683), primeiro-ministro do Império

Otomano, estavam cavando um túnel para invadir a cidade. Avisadas as autoridades, os inimigos foram surpreendidos e derrotados. Como recompensa pela preciosa ajuda, **Leopoldo I** (1640-1705), imperador de Viena, concedeu aos padeiros o privilégio de fabricarem algo que imortalizasse o acontecimento. Eles, então, criaram pequenos pães que aludiam ao formato de meia-lua representado no estandarte turco, até hoje presente na bandeira do país. Inicialmente chamado de *hönschen* (pequeno chifre), ao ser levado para a França por Maria Antonieta, em 1770, por ocasião de seu casamento com o futuro rei **Luís XVI** (1754-1793), o pão recebeu o nome de *croissant* (crescente, em português).

Não há consenso ainda sobre a origem do **pão de queijo**. De acordo com os estudiosos, a receita existe desde o século XVIII, quando as cozinheiras de fazendas mineiras faziam biscoito de polvilho usando a goma vinda da mandioca. Depois, vieram a gordura de porco, o ovo, o **leite**, a manteiga e, por último, o queijo, que, aos poucos, incorporou-se ao biscoito, moldado sob a forma de pequenas bolinhas e, finalmente, assado em forno à lenha. Delícia típica da culinária mineira, tornou-se popular a partir de 1930, graças à vovó **Arthêmia**, de Uberlândia (Minas Gerais).

O **panetone**, do dialeto milanês *pan de Toni*, surgiu na Itália, no século XV. Uma das versões para sua origem conta a história de **Ughetto** (1907-1966), filho de **Giacometto degli Atellani**, rico escudeiro de **Ludovico Sforza** (1452-1508), o Mouro, duque de Milão. Apaixonado por **Adalgisa**, moça humilde, filha de um padeiro, Ughetto resolveu disfarçar-se de ajudante de padaria para aprender o ofício e talvez ajudar o pai de Adalgisa a enriquecer, quebrando, assim, a resistência de sua família ao romance. O jovem aprendeu a arte e inventou um pão recheado de passas e frutas cristalizadas, moldado em formato de cúpula de igreja. A iguaria agradou o paladar da clientela, que se encantou com o novo pão da padaria de **Toni**. O negócio prosperou, Toni enriqueceu e Ughetto e Adalgisa puderam ser felizes para sempre.

Conta a lenda que o nome *pumpernickel*, pão preto originário da Westphalia (Alemanha), feito com centeio e água, teve sua origem em uma passagem com **Napoleão Bonaparte**. Um pobre camponês lhe teria ofertado um pedaço de pão que foi rispidamente rejeitado: *C'est du pain pour Nicole* (este pão é para Nicole), teria dito ele. Nicole era o nome do cavalo de Napoleão Bonaparte. Aos ouvidos do camponês, a resposta soou como *pumpernickel* e assim ficou conhecido o pão. Outra versão explica que *pumper* é uma onomatopeia dos gases provocados pela ação do fermento após a ingestão desse pão, e *nickel*, uma variação do nome Nikolas, apelido usado com frequência na Alemanha para designar o diabo. Literalmente, *pumpernickel* significa pum do diabo.

A fama e o nome nasceram em uma mesa de *bridge*. **John Eduard Montagne** (1718-1792), quarto conde de Sandwich, nobre muito bem-educado em Eton e Cambridge, viajou muito antes de tomar assento na Câmara dos Lordes, ser secretário de Estado e tornar-se o primeiro lorde do Almirantado, no período de 1771 a 1782. Jogador inveterado, às vezes não abandonava a mesa de apostas nem para comer. Passava dias e noites mergulhado na jogatina. Conta a lenda que, um dia, em meio a uma rodada, teria pedido a um serviçal que lhe trouxesse um pedaço de rosbife entre duas fatias de pão, para matar a fome. Prontamente, um parceiro batizou a novidade de *sandwich*, em português, sanduíche. Se lembrarmos que, nas galeras romanas, os escravos já recebiam rações de peixe enroladas em vegetais ou em discos de massa de farinha e água cozida, a *picea*, a invenção não será novidade alguma. Seja como for, o sanduíche se espalhou pelo mundo e ganhou uma infinidade de receitas.

Por aproximadamente quatrocentos anos, a *Stone of Destiny* (Pedra do Destino) serviu de assento ao trono no qual eram coroados os reis da Escócia. No final do século XIII, a Inglaterra, em guerra com a França, convocou os escoceses a lutarem a seu lado. Eles se recusaram e firmaram um acordo com o inimigo. Por esse motivo, a Escócia foi invadida, seu rei, aprisionado na Torre de Londres, e seus símbolos nacionais, a coroa, o cetro, a espada e a Pedra do Destino, confiscados e enviados para Londres, em 1296. A Pedra permaneceu por séculos na Abadia de Westminster, em Londres – a última coroação foi em 1953, quando subiu ao trono a rainha **Elizabeth II** –, tendo sido levada para a Escócia, que a reivindicava ardorosamente, há poucos anos. O **scone**, pãozinho escocês, preparado tradicionalmente com farinha de aveia, cortado em triângulo e assado na grelha, recebeu esse nome para lembrá-la.

Peixes e crustáceos

Ensinam os supersticiosos que apreciadores de peixe que quiserem ter sucesso no Ano-Novo devem optar por receitas com peixes que navegam bastante, pulam e são lutadores, como tucunaré, bacalhau, salmão, atum, robalo e dourado. E devem evitar garoupa, badejo e cherne, peixes que se entocam, e também pintado, o qual adora consumir porcarias do fundo do mar.

Na busca por alimentos que pudessem resistir às grandes travessias, o bacalhau foi descoberto pelos navegantes lusitanos, no Canadá, em 1497. Até então, só os habitantes dos países próximos ao Polo Norte conheciam esse peixe. O ponto em que mais se concentram é o Mar da Noruega, de onde continua vindo a quase totalidade do bacalhau consumido em Portugal e no Brasil. O mais apreciado é o Cod ou Porto (*Gadus morhua L.*), de cor clara, também chamado de imperial ou legítimo. É o mais suculento, mais

saboroso, mais largo e, portanto, o mais caro. Existem três outros tipos de peixe que também são salgados, secos e vendidos com o título genérico de bacalhau: o saithe (*Pollachius virens*), excelente para bolinhos, em razão de sua textura, é mais escuro e tem sabor mais forte; o ling (*Molva molva*), mais claro e estreito; e o zarbo (*Brosme brosme*), menor e mais popular, de preço mais acessível, por ter menos carne. O bacalhau só foi alçado à condição de alimento de primeira linha no final do século XVIII. Antes disso, era visto como comida de pobre. Segundo o dr. Francisco da Fonseca Henriques (1665-1731), mais conhecido como dr. Mirandela, médico do rei D. João V (1689-1750), *o bacalhao he o alimento dos pobres e dos rústicos: e próprio pêra pessoas que trabalharão e se exercitarão muito. Não se deve usar em pessoas delicadas, mesmas que passarão vida sedentária* (o bacalhau é o alimento dos pobres e rústicos: é próprio para as pessoas que trabalham e se exercitam muito. Não deve ser consumido por pessoas delicadas, nem pelas que passam vida sedentária).

O caviar são ovas do esturjão, um peixe primitivo que não possui escamas, pescado no Mar Cáspio, ao norte do Irã e ao sul da Rússia. Os machos são devolvidos ao mar, e as fêmeas, grávidas, transportadas em tanques de água salgada. As ovas precisam ser retiradas da fêmea do peixe ainda viva, para serem peneiradas, a fim de separá-las das gorduras, membranas e fibras. Feito isso, as ovas são salgadas e guardadas em baixas temperaturas. Cada fêmea é identificada e recebe um número de série que deve constar na embalagem do produto. Os três tipos de caviar mais conhecidos são:

❧ Beluga, o mais apreciado, tem as maiores ovas e sua coloração varia do cinza-claro ao escuro. O alto preço da ova é justificado pelo longo tempo que o esturjão beluga leva para alcançar a maturidade: vinte anos;

❧ Ossetrova, suas ovas são marrons ou levemente douradas e seu sabor é mais forte;

❧ Sevruga, também conhecido por "nariz de trombeta", tem a menor granulação de todos os caviares, é o mais conhecido e custa metade do preço do beluga.

Existe ainda outro tipo de esturjão, o albino, que fornece o caviar branco conhecido como Almas Golden Caviar. O caviar iraniano de Almas (que significa diamante, em russo) é composto de ovas de esturjão beluga com mais de setenta anos e vem embalado em uma lata de ouro 24 quilates. Na Europa, cada 100g do Almas custa cerca de €18 mil. Segundo a escritora Inga Saffron, o xá Reza Pahlevi (1919-1980), do Irã, servia esse caviar em seus banquetes e o presenteava aos visitantes mais ilustres. Quando Winston Churchill (1874-1965) despachou o Lord Beaverbrook (1879-1964) para discutir a Segunda Guerra Mundial, com Joseph Stalin (1878-1953), em 1941, deu-lhe duas instruções rigorosas: voltar para a Inglaterra com um acordo e "11Kg do bom". Nos anos 1950, Charlie Chaplin (1889-1977) cedeu um trecho de mil palavras de sua autobiografia ao jornal russo *Izvestia*. Os *royalties* de Chaplin foram 4kg de caviar, mais ou menos uma colher por palavra.

Coquilles de Saint-Jacques são pequenos moluscos de carne branca que vivem nas areias e se locomovem abrindo e fechando suas carapaças. Em razão dessa característica, ganharam o apelido de conchas peregrinas. Chamadas vieiras em português, foram adotadas pelos romeiros do caminho de Santiago de Compostela, na Espanha. Eles as usam em seus chapéus ou dependuradas em suas roupas. Para aqueles que desejam se aventurar pelo Caminho de Santiago, basta acompanhar os *coquilles* que apontam a direção a seguir e estão espalhados por todo o trajeto.

O **fugu**, conhecido aqui como **baiacu**, é uma iguaria cara e muito apreciada no Japão, onde sua venda é ilegal. Muito comum em Shimonoseki, cidade portuária do sudoeste daquele país, esse peixe contém, no fígado e nos órgãos reprodutores, um veneno inúmeras vezes mais potente que o cianureto: a tetrodotoxina. Um único peixe pode matar 32 pessoas. Para obter a habilitação de cozinheiro de fugu, o governo japonês exige que o candidato seja maior de 18 anos, goze de boa visão, não tenha antecedentes criminais, comprove estágio de, no mínimo, dois anos com um cozinheiro habilitado de fugu e pague cerca de US$180 para realizar a prova teórica, sobre fugu e sua legislação, e a prática, em que deverá identificar os cinco tipos de fugu, separar suas glândulas venenosas e executar três pratos – *sashimi*, *chiri* e *kawahiki*. As provas são realizadas anualmente, no mês de agosto, em Tóquio. Atualmente, criadores japoneses já estão produzindo fugus inofensivos em fazendas marinhas, por meio do controle estrito de sua alimentação.

O linguado já existia na época dos romanos e era chamado de *solea Jovi* (sandália de Júpiter), em razão de seu formato chato e oval. Tamanha paixão tinha o imperador Domiciano (51-96) pelo linguado capturado no Mar Adriático que monopolizou o Senado para discutir sobre o melhor molho para acompanhar o peixe. Molho picante foi o consenso, segundo Alexandre Dumas (1802-1870), em seu livro *Memórias gastronômicas*.

Consumidas há milênios, sabe-se que pescadores chineses na Antiguidade já conheciam técnicas de cultivo das ostras. Gregos cultivavam ostras artificialmente, nas ilhas do Adriático. Eram tão apaixonados por esses moluscos que chegavam ao requinte de transportar em enormes tonéis uma mistura de água doce e salgada para os criadouros, para fazer com que crescessem e engordassem melhor. Assim como os romanos, os gregos já usavam o método de captar no mar raso as sementes expelidas pelas ostras-mães usando telhas ou cacos de cerâmica, superfícies às quais as sementes aderem com facilidade. Em seu *Grande dicionário de culinária*, Alexandre Dumas (1802-1870) descreve as ostras e se compadece delas:

> A ostra é um dos moluscos mais deserdados da natureza. Acéfala, isto é, sem cabeça, não detém o órgão da visão nem o órgão da audição, tampouco o do olfato; seu sangue é incolor; seu corpo adere às duas valvas de sua concha por meio de um músculo poderoso, com a ajuda do qual ela abre e fecha. Também não possui órgão de locomoção: seu único exercício é dormir, e seu único prazer, comer.

Tanta compaixão não impediu Dumas de consumi-las em grandes quantidades, sempre cruas e com gotinhas de limão.

Normalmente, de seis a 12 ostras satisfazem uma pessoa no início da refeição, desde que não tomemos como base alguns fanáticos. Casanova (1725-1798) consumia 12 ostras no café da manhã e outras 12 no almoço. Andoche Junot (1771-1813), general francês das tropas de Napoleão Bonaparte, comia 120 antes do jantar. Brillat-Savarin (1755-1826), gastrônomo francês, degustava 150 de aperitivo. Maria Lesczynski (1703-1768), mulher de Luís XV (1710-1774), comemorou o nascimento de suas filhas gêmeas, Luísa Isabel (1727-1759) e Ana Henriqueta (1727-1752), comendo 180 ostras, logo após o parto. O rei, por sua vez, recomendava o consumo regular do molusco aos professores da Soubornne, convencido de que o fósforo ali contido os tornaria mais inteligentes e engenhosos. Fosse isso verdade, o imperador romano Auro Vitélio (12 d.C.-69 d.C.) teria sido um gênio, pois costumava devorar mil ostras por dia.

Salmão vem do francês *saumon*, que deriva do romano *salmo*, oriundo do latim *salire*, que significa saltar. O salmão é um peixe migratório, nasce no rio, vive no mar, onde passa por uma transformação – ele perde peso e ganha uma cor cinza –, e, ao completar 4 anos, percorre milhares de quilômetros e volta ao lugar de origem para desovar, graças a seu sistema olfativo altamente desenvolvido. Na água doce, ele não se alimenta mais e sobrevive só com as reservas de gordura acumuladas. Uma das características que diferem o salmão do Oceano Atlântico daquele do Pacífico está na reprodução: enquanto o salmão do Oceano Pacífico invariavelmente morre após a reprodução, o do Atlântico se reproduz mais de uma vez. Sua carne, muito saborosa e versátil, pode ser servida crua, grelhada, cozida ou assada. Suas ovas são muito apreciadas também.

Siri vive na água, tem carne branca e sabor suave. É servido cozido, em risotos, moquecas ou nas próprias casquinhas. **Caranguejo** vive no mangue, tem pelos no corpo, e sua carne tem sabor mais forte. É usado em saladas e suflês. Ambos correm de lado e são extremamente rápidos.

Queijos

O termo *bleu*, para os franceses, se refere a todos os tipos de queijo *parsillés*, o que poderia ser traduzido por "com salsinha", que "criou erva", termo também usado na Itália: *formaggio al prezzemolo*. Produzidos com **leite** de ovelha ou vaca, com alto teor de gordura, de massa firme, maturados por fungos em seu interior, em ambiente úmido e frio, e revestidos com uma camada branca, os *bleu* franceses têm seus nomes relativos à região em que são produzidos: *bleu des Causses*, *bleu de Gex*, *bleu d'Auvergne*, *bleu de Champoléon*, entre outros.

O Congresso de Viena, em 1814, teve como principal objetivo promover a reorganização territorial da Europa após a derrota da França napoleônica. Representantes das grandes potências europeias estiveram presentes, entre eles, o príncipe **Metternich** (1773-1859), representando a Áustria; o czar **Alexandre II** (1818-1881), da

Rússia; o príncipe **Hadenberg** (1750-1822), da Prússia; o visconde de **Castlereagh** (1769-1822), representando a Inglaterra – depois substituído pelo duque de **Wellington** (1769-1852) – e, como representante da França, o príncipe **Talleyrand-Périgord** (1754-1838). Famoso **gourmet**, Talleyrand teve a ideia de organizar um concurso de queijos para distrair os participantes. Cada congressista deveria apresentar o queijo mais importante de seu país e votar secretamente para eleger o melhor. Finda a votação, foram inscritos 52 tipos de queijo. O **brie** venceu e foi aclamado o "rei dos queijos". Originário de Ile-de-France, é elaborado com leite cru de vaca. As duas principais variedades, ambas com denominação de origem, são o *brie de Meaux* e o *brie de Melun*.

O **camembert** nasceu em 1791 de um encontro, em plena Revolução Francesa, entre um religioso rebelde e uma suposta **Marie Harel**, no vilarejo de Camembert, na Normandia. O padre **Charles-Jean Bonvoust**, fugido do alvoroço da Revolução, provinha da região de Brie e transmitiu-lhe seus conhecimentos sobre a fabricação do queijo brie. Anos depois, em 1862, **Napoleão III**, por ocasião da inauguração da estação de Surdon, no Orne, na linha Paris-Granville, experimentou o queijo fabricado por Marie. Encantado com seu sabor, batizou a especialidade com o nome da cidade e exigiu que o produto não faltasse no palácio. Esse fato marcou o princípio da difusão do queijo na capital e em outras cidades da França. Em 1880, a comercialização do camembert ganhou novo impulso: a adoção da caixinha redonda de madeira como embalagem. Além de não interferir no sabor do produto, possibilitou seu transporte para distâncias maiores. O verdadeiro camembert é feito com leite integral das regiões de Calvados, Eurre, Manche, Orne e Seine-Maritimè. Seu sabor diferenciado é atribuído à palha de aveia que reveste as fôrmas nas quais o queijo é acondicionado.

Os irmãos **Mário** e **Isaíra Silvestrini**, imigrantes italianos de Ravenna, se instalaram na estância hidrotermal de Lambari, no sul de Minas Gerais. Isaíra, grande cozinheira, criou a receita do **catupiry**, e Mário teve a ideia de produzi-lo comercialmente em 1911. Sinônimo de requeijão, o catupiry tem sabor amanteigado e suave, com baixo teor de acidez. Os ingredientes — leite fresco, creme de leite, fermento lácteo, massa **coalhada** e **sal** — são de conhecimento de todos, mas sua receita é guardada a sete chaves. Catupiry, na língua tupi-guarani, significa excelente, ótimo. O nome reconhece, portanto, a qualidade do produto.

Durante mais de trinta anos, **Bartolomeo Scappi** (1500-1577) cozinhou para seis pontífices em Roma, de **Paulo III** (1468-1549) a **Pio V** (1504-1572); por isso, chamavam-no "o cozinheiro dos papas". Scappi morreu logo após publicar a obra *Opera dell'arte del cucinare*, lançada em Veneza, no ano de 1570, como afirma **Letícia Cavalcanti**. Foi o responsável pela criação do método de *pasta filata*, que se obtém ao aquecer a coalhada em água quente, até que ela se torne elástica e forme cordões. Esses cordões são, então, enrolados "em bola", para serem depois cortados e moldados. O queijo **mozarela** é preparado utilizando-se esse método.

O **parmigiano-reggiano**, o queijo italiano tipo *grana* mais famoso do mundo, controlado pelo Consorzio del Fromaggio Parmigiano Reggiano DOP, criado em 1934, só poderá ostentar essa denominação se for oriundo das províncias de Parma, Modena, Mantova e Bologna, todas na região de Emilia-Romagna, no norte da Itália. O carimbo com essa denominação foi desenhado por **Bartolomeo Riva**, em 1612. Produzido com leite coalhado, entre os meses de abril e novembro, tem o formato de um enorme tambor, pesa cerca de 40kg e seu sabor é, ao mesmo tempo, doce e picante. O parmigiano-reggiano amadurece por, no mínimo, um ano. O tipo *vecchio* passa por três anos de envelhecimento, e o *stravecchione*, por quatro anos. Queijo predileto de **Napoleão Bonaparte**, foi o último desejo de **Moliére** antes de morrer.

No processo de fabricação do **roquefort**, na etapa final de elaboração, o queijo passa três meses maturando nas grutas da região de Cambalou, onde a circulação do ar mantém a temperatura e a umidade constantes, movimentando a flora de fungos essencial para a fermentação, garantindo, assim, suas melhores características. Seu renome começou no ano de 800, quando o rei **Carlos Magno** (742-814), em visita à Abadia de Vabres, provou do queijo e se rendeu à sua textura macia, firme e amanteigada, de sabor ligeiramente picante. O queijo é um monopólio regional dos habitantes da pequena vila de Roquefort-sur-Soulzon, desde 1411, quando o rei **Carlos VI** (1368-1422) outorgou-lhes o direito exclusivo de fabricá-lo. É feito com leite de cabras francesas e recebe o selo Appellation d'Origine Contrôlée (AOC).

Saladas

A salada predileta dos americanos, caesar salad, foi inventada pelo italiano Caesar Cardini (1896-1956), um dos irmãos Cardini, proprietário de um hotel em Tijuana, no México, em 4 de julho de 1924. Sua receita original leva alface romana com um molho preparado com anchovas moídas, gemas de ovo batidas, mostarda, alho, pimenta e azeite. Para finalizar, um toque de parmesão e croûtons. Foi considerada, pela International Society of Epicures, de Paris, "a mais importante receita americana dos anos 1950".

A receita da cobb salad leva abacate, salsão, tomate, cebolinha, agrião, ovos cozidos duros, bacon e queijo roquefort, servida com molho vinagrete. Foi criada ao final de um longo dia de trabalho no restaurante The Brown Derby, em Los Angeles, em 1937. Seu criador, Bob Cobb (1899-1970), gerente da casa, se deu conta de que não havia comido nada o dia inteiro. Faminto, atacou a geladeira e foi colocando em um prato tudo o que encontrava pela frente. A casual salada se mostrou deliciosa.

Ingredientes que não podem faltar para o preparo da salada niçoise são tomates, anchovas, azeitonas pretas e alcaparras. As batatas e uma cama de folhas de alface no fundo são uma questão de escolha. Originária de Nice, cidade do sul da França, o termo *niçoise* designa, também, pratos preparados ao estilo da cidade em que entram tomates, alho, azeitonas pretas e anchovas.

A versão original da salada olivier foi inventada na Rússia czarista por Lucien Olivier (1838-1883), chef-proprietário do restaurante Hermitage, um dos mais renomados restaurantes de Moscou em 1860. A receita real nunca foi revelada – Olivier costumava se esconder para elaborá-la sozinho, longe da curiosidade de seus empregados –, mas alguns de seus ingredientes eram conhecidos: caviar, peito de perdiz, língua de vitelo, alface, caudas de lagosta e alcaparras. Quanto à maionese, era uma receita de família feita com a adição de vinagre, mostarda francesa e especiarias. Com a morte de Olivier e o fechamento de seu restaurante, vários chefs tentaram, em vão, reconstituir a salada original, o que ocasionou o aparecimento de inúmeras versões. Já em 1920, batata, cebola, cenoura, pepino em conservas, maçã, carnes de aves, ovos cozidos duros e ervilhas temperadas com maionese deram origem à mundialmente conhecida salada russa.

A salada Waldorf, segundo alguns pesquisadores, foi criada por George-Auguste Escoffier (1846-1935), especialmente para a abertura do Waldorf Hotel de Nova York, em 1893. A receita levava apenas aipo, maçã, maionese e nozes. Dizem que Escoffier colocou maçãs na receita para homenagear seu amigo Oscar Tschirsky (1866-1950) – que apreciava muito a fruta e era *maître d'hôtel* na ocasião. O sucesso da salada, no primeiro dia do cardápio, foi tão estrondoso que acabou com todo o estoque de maçãs da dispensa. Escoffier publicou a receita em seu livro *Ma cuisine*, de 1934. Outro grupo de pesquisadores a atribui a Oscar Tschirsky, que a teria inventado para "um jantar beneficente oferecido a 1.500 convidados de Boston, Baltimore e Phildelphia", segundo um jornal da época. Aliás, em seu livro *The cookbook by Oscar of the Waldorf*, de 1896, ele cita a receita como sua.

Sobremesas e doces

O arroz-doce, conhecido como arroz de leite no Sul, chegou ao Brasil junto com os portugueses, que o receberam dos árabes. A culinária sírio-libanesa tem uma sobremesa semelhante, a Roz bi Halib, perfumada com água de rosas ou flor de laranjeira. No Oriente, doces com arroz existem desde a Antiguidade, principalmente na China, no Japão, na Índia, no Paquistão e no Sudoeste Asiático. Na região de Coimbra, quando os noivos entregavam o convite de casamento, ofereciam uma travessa de arroz-doce, coberta com uma toalha feita pela noiva – o pano de Almalaguês. Depois de uma semana, o casal voltava e, junto com a travessa, recebia o presente. Nas receitas modernas de arroz-doce, é comum as pessoas agregarem leite condensado e maçãs secas. Era a receita de Michelangelo (1475-1564) para se livrar da ressaca e a iguaria predileta de Luís IX, que a saboreava várias vezes ao dia, mesclada com amêndoas e polvilhada com muita canela.

Baba ao rum, um bolo leve, regado com uma calda com rum e servido com chantili, é invenção atribuída ao rei polonês Stanislas Leszcsynski (Stanislau I) (1677-1766), cunhado de Luís XV (1710-1774) da França, quando de seu exílio na Alsácia. Seu mérito foi ter acrescentado uma calda com rum à receita do bolo *kugelhopf*, especialidade alemã, que já existia desde 1609. Stanislau I batizou sua inovação de Ali-Baba, em homenagem a seu personagem favorito, Ali Babá, de *As mil e uma noites*. Anos mais tarde, um *pâtissier* chamado Sthorer se estabeleceu em Paris, aperfeiçoou a receita, e a denominação ficou sendo apenas baba, ocasião em que ganhou algumas variações, com frutas e compotas.

No final do século XII, os mongóis dominavam boa parte da China, sob o comando do imperador Genghis Khan (1162-1227). Essa dominação perdurou por mais de um século marcado por inúmeras batalhas. Quando sentiram o enfraquecimento de seu dominador, os chineses elaboraram uma estratégia para atacar os invasores. Como os exércitos estavam espalhados por todo o território, a comunicação era difícil. Restava resolver a questão de como transmitir a estratégia aos generais sem que a informação caísse em mãos inimigas. A solução foi esconder as mensagens, escritas em folhinhas de papel arroz, dentro de uns bolinhos em forma de meia-lua, cujo sabor à base de lótus era detestado pelos mongóis, e distribuí-los por soldados vestidos de monge. A estratégia deu certo. O levante pôs fim à invasão mongol, deu início à dinastia Ming e originou os conhecidos biscoitinhos da sorte.

O *bolo de casamento* nasceu de um costume grego e romano de preparar um *pão* com frutas secas, nozes e mel, para ser partido por cima da cabeça dos noivos na cerimônia de casamento, com a finalidade de os deuses trazerem prosperidade, sorte e fertilidade ao casal. Na França, foi introduzido, em 1533, quando *Catarina de Médici* (1519-1589) desembarcou em Marselha para se casar com o futuro rei da França, *Henrique II* (1519-1559). Seu dote incluía valiosos livros de receitas e um séquito de cozinheiros. Seu bolo de casamento foi o primeiro a ser confeccionado em andares. A partir desse momento, quando os bolos ricamente decorados passaram a ser um hábito e também um símbolo de *status* e poder econômico, começou uma verdadeira corrida para saber qual corte produzia o bolo mais espetacular. Trezentos anos depois, no reinado da rainha *Victória*, que governou o Império Britânico de 1837 a 1901, os ingleses aperfeiçoaram o bolo de andares, fazen-

do uma cobertura de glacê branco. Os bolos de casamento chegavam a ter mais de 2m de altura e pesar mais de 100kg. Entretanto, com certeza, o bolo de casamento mais inusitado foi feito por Leonardo da Vinci (1452-1519), para celebrar a união de Beatriz d'Este (1475-1497) e Ludovico Sforza (1452-1508), em 1491, em Milão. O bolo era uma réplica do palácio do noivo. De tão grande, as pessoas poderiam circular e se acomodar dentro dele. Embora suas paredes, bancos e mesas fossem comestíveis, não pôde ser saboreado. Faltou a Leonardo prever a fome dos ratos e insetos de Milão, que, na noite anterior ao casamento, atacaram e devoraram parte do bolo. Na tentativa de matar os invasores a pauladas, os auxiliares de Leonardo completaram o estrago. O casamento foi adiado, e Leonardo, despedido.

Era o ano de 1945, e o brigadeiro Eduardo Gomes (1896-1981), da União Democrática Nacional, disputava a presidência do país com o marechal Eurico Gaspar Dutra (1883-1974), do Partido Social-democrata, protegido do então presidente Getulio Vargas (1882-1954). Eduardo Gomes era um homem alto e charmoso, e nunca se casou. Liderou a criação do Correio Aéreo Nacional e, por duas vezes, foi ministro da Aeronáutica. É, inclusive, o patrono da Força Aérea Brasileira. O *slogan* de sua campanha era: "Vote no brigadeiro, que é bonito e é solteiro." As mulheres que o apoiavam resolveram criar uma receita para arrecadar fundos para a campanha. Misturaram leite condensado com chocolate em pó e criaram o "docinho do brigadeiro". O doce triunfou, ao contrário de seu padrinho... Dutra deu um banho em Gomes – 55% dos votos contra 35% – e assumiu a presidência em 1946.

Histórias, lendas e curiosidades da gastronomia

Paixão americana, mas com origem na Holanda, o brownie foi levado para o interior dos Estados Unidos pelos holandeses, que o chamavam de *cookie bar*. Não foi preciso muito tempo para que começasse a ser preparado nos cafés americanos e ganhasse inúmeras variações. Com certeza, a mais extravagante é o Brownie Extraordinaire, com recheio de avelãs, que vem acompanhado de um atomizador de cristal Saint Louis, um presente para o cliente. Com ele, pode-se borrifar o brownie com o raro vinho do Porto Quinta do Noval Nacional 1996. Em Atlantic City, você pode dar uma passadinha no restaurante Brûlée e experimentá-lo, pagando a bagatela de US$1.100.

Cantora e dançarina espanhola do Folies-Bergère de Paris e dos cabarés da Espanha, Caroline Otéro (1868-1965), apelidada de Sereia do Suicídio, foi a mulher mais cortejada da Belle Époque. Foi amada por seis reis: Afonso XIII (1886-1941), da Espanha; Leopoldo II (1835-1909), da Bélgica; Nicolau II (1868-1918), da Rússia; Eduardo VII (1841-1910), da Inglaterra; Alberto I (1848-1922), de Mônaco; Guilherme II (1859-1941), da Alemanha; e pelo multimilionário Kennedy, pai do presidente John Kennedy (1917-1963), dos Estados Unidos. Nascida pobre, em 1868, filha de um aristocrata grego e uma cigana espanhola, despertou o amor do mestre *pâtissier* Coquelin. Para homenageá-la, Coquelin batizou com seu nome, Carolina, as deliciosas bombinhas de massa cozida e assada, recheadas com creme e cobertura de açúcar de confeiteiro que fazia.

Durante a Feira Mundial de Saint Louis, em 1904, E.A. Hamvi, sorveteiro sírio, ao ver seu estoque de copos e pratinhos se

Sobremesas e doces

esgotar, recorreu aos *waffles* vendidos em um estande vizinho. Enrolou-os em forma de cone e passou a vender os sorvetes nessas casquinhas, que se tornaram populares e se espalharam pelo mundo.

A criação do chantili é atribuída ao suíço François Vatel (1635-1671). Foi servida pela primeira vez, em 1661, durante um jantar que contava com a presença de Luís XIV (1638-1715), no castelo de Vaux-Praslin, residência do ministro de Finanças, Nicolas Fouquet (1615-1680). Não fez sucesso. Tempos depois, Vatel foi trabalhar para o príncipe de Condé, no castelo de Chantili, onde reapresentou sua criação. Sucesso absoluto. Satisfeito, Vatel batizou a iguaria com o nome do lugar.

A rainha Charlotte (1744-1818), mulher do rei inglês, George III da Grã-Bretanha (1738-1820), foi homenageada com uma sobremesa que leva seu nome graças à paixão que tinha por *ladyfingers*, tradicional biscoito inglês. De preparação elaborada e de lindos efeitos visuais, é uma sobremesa à base de biscoitos do tipo *champagne* (*ladyfingers*) embebidos em licor e com camadas de recheio enriquecido com frutas cristalizadas. É servida fria, acompanhada de chantili. Existem duas variações criadas pelo chef Carême: a *charlotte à la parisienne*, levada ao forno para assar, e a *charlotte russe*, homenagem ao czar russo Alexandre I (1777-1825), em forma de concha.

O primeiro registro documentado do cheesecake vem da Grécia Antiga. Antes da era cristã, o general e estadista romano Catão (234 a.C-149 a.C.) deixou por escrito a receita que os romanos copiaram dos gregos e levaram para o restante da Europa. Relatos históricos também dão conta de que o cheesecake foi servido durante os Jogos Olímpicos, na ilha de Delos, em 776 a.C. Consagrado pelos americanos, que afirmam que o verdadeiro cheesecake só se come em Nova York, sua fórmula básica – massa e queijo – pode ser enriquecida com os mais variados recheios.

As sementes do cacau teriam vindo do paraíso, por intermédio do deus Quetzalcoatl, da mitologia asteca. Os astecas foram os primeiros povos a transformar o cacau em chocolate, que chamavam de *xocoatl* (água amarga). A bebida era preparada com grãos de cacau tostados e diluídos em água quente, aos quais adicionavam algumas especiarias, como a pimenta e o gengibre. Era reservada a cerimônias de casamento, nascimentos e funerais, e considerada símbolo de riqueza entre astecas e maias. As sementes também tinham função de moedas. Quatrocentas formavam um *zontli*, enquanto o portador de 8 mil sementes tinha, na verdade, um *xiquipilli*. Era possível comprar um escravo por cem sementes, uma prostituta por dez e um coelho por quatro, conforme os relatos da época. Embora tenha sido o primeiro a ter contato com o cacau, em 1502, em sua última viagem ao Caribe, Cristóvão Colombo (1451-1506) não lhe deu importância. Foi o conquistador espanhol Hernán Cortez (1485-1547) que, ao experimentar o *xocoalt* ou *cacauatl* (água amarga), a ele oferecido pelo imperador asteca Montezuma, em 1519, percebeu o grande valor econômico da semente de cacau. Em seu retorno à Espanha, em 1528, Cortez trouxe consigo as primeiras mudas de cacaueiro, que decidiu plantar no Haiti, em Trinidad e, por último, na África.

Graças a essa iniciativa, a Espanha deteve o monopólio do chocolate por mais de um século. Apenas os monges espanhóis podiam produzi-lo e, com o passar do tempo, conseguiram melhorar o sabor da bebida, substituindo a pimenta e o gengibre por açúcar, canela, urucum, anis, almíscar e âmbar cinzento. Também aperfeiçoaram o sistema de torrefação e a moenda do chocolate, transformando-o em barras e tabletes para serem dissolvidos em água quente. Logo a bebida tornou-se moda nos salões aristocráticos. Era a favorita da pequena Ana da Áustria (1601-1666), infanta da Espanha. Ao se casar com o rei Luís XIII (1601-1643), da França, em 25 de outubro de 1615, levou da Espanha tudo que era necessário à sua preparação. Em 1657, surgiu em Londres a primeira loja de chocolate, denominada The Coffee Mill and Tobacco Roll. Em 1828, o holandês Casparus van Houten (1770-1858) retirou do cacau parte da gordura, o que atenuava sua amargura e acidez, ao mesmo tempo em que criava a manteiga de cacau pura. Em 1847, é comercializada em escala a primeira barra de chocolate produzida pela companhia inglesa J. S. Fry & Sons, localizada em Bristol. Tinha o sabor amargo e bruto. Em 1876, o suíço Daniel Peter (1836-1919) adicionou leite condensado ao chocolate, criando a primeira barra de chocolate com leite de que se tem notícia. Rodolphe Lindt (1855-1909), também suíço, depois de prensar o chocolate por vários dias e misturá-lo em aparelhagens especiais, conseguiu obter a textura cremosa que se conhece hoje. Anos depois, Peter vendeu para o vizinho Henri Nestlé (1814-1890) seu invento. Farmacêutico alemão, Nestlé já havia criado o método de condensação do leite e a farinha láctea. No Brasil, a primeira fábrica de chocolate foi instalada em Porto Alegre, em 1891, por iniciativa dos imigrantes alemães Franz e

Max Neugebauer e **Fritz Gerhardt**, que fundaram a empresa Neugebauer Irmãos e Gerhardt. Considerado afrodisíaco, Montezuma chegava a tomar cinquenta xícaras de chocolate por dia, servidas em recipientes de ouro maciço. Era daí que ele – dono de um grande harém e homem de muitos inimigos – afirmava adquirir força para governar. Era também a bebida predileta de **Casanova** (1725-1798), do Marquês de **Sade** (1740-1814) e da madame **Du Barry** (1743-1793), amante do rei Luís XV.

Cookies é como os americanos chamam um tipo de biscoito que surgiu de maneira acidental, quando pequenas quantidades de massa de bolo eram colocadas no forno para verificar sua temperatura. Essas provas se chamavam *koekje* (pequeno bolo), que deu origem à palavra cookies. Difundido no mundo todo, particularmente nos Estados Unidos, recebe diferentes nomes, conforme o país. *Biscotti*, na Itália; *galletas*, na Espanha; *keks*, na Alemanha; *biscuits*, na Inglaterra. Sua receita é muito simples: uma mistura de manteiga, farinha e açúcar, decorada com **castanhas**, chocolate, glacê e açúcar colorido.

Já houve um tempo em que era chamado de *creme anglaise au miroir*. Doce secular, tem três nacionalidades. Jamais saberemos onde foi preparado pela primeira vez. Leite, gemas de ovos, açúcar e alguma habilidade para trabalhar com a salamandra (máquina que permite gratinar e tostar) e pronto. Está feito o doce. Na França, **crème brûlée**; na Espanha, *crema catalana*; em Portugal, leite-creme.

A versão mais conhecida da origem do **Crêpe Suzette** diz que, em 1896, em um restaurante chamado Café de Paris, em Monte Carlo, o príncipe de Gales, futuro Eduardo VII (1841-1910), acompanhado de uma linda morena para jantar, pediu ao chef

Henri Charpentier (1880-1961) que lhe fosse servido como sobremesa algo especial. A escolha recaiu em uns *crêpes* aromatizados com suco de tangerina e licor. Durante o preparo em um *rechaud*, o chef verteu sobre os *crêpes* uma dose exagerada de licor, que rapidamente se inflamou. O efeito provocou no príncipe e em sua acompanhante um grito de admiração. Encantado, Eduardo quis saber o nome de tão inusitada sobremesa. O chef sugeriu que fosse batizado com o nome do príncipe, o qual recusou a homenagem e sugeriu que fosse chamado de Suzette, nome da jovem e bela morena que o acompanhava.

Foi na Copa do Mundo de 1938, realizada na França, que o mundo se rendeu à genialidade do artilheiro Leônidas da Silva (1913-2004), apelidado de Diamante Negro pelos franceses. De volta ao Brasil, foi consagrado, com desfile em carro aberto. Nesse mesmo ano, a Lacta acabava de lançar um chocolate com castanha de caju, chamado inicialmente de Chocolate Lacta. Na esteira da popularidade de Leônidas, a Lacta mudou o nome do chocolate para Diamante Negro. Sua fórmula, que também inclui mel, manteiga de cacau e glicose, permanece inalterada até hoje.

O doce de leite foi inventado na época em que a Argentina ainda era colônia e vivia uma guerra civil. Em 1829, Juan Manuel de Rosas (1793-1877), general e futuro ditador, estava em Cañuelas, província de Buenos Aires, em campanha contra o general Juan Galo de Lavalle (1797-1841). Mesmo fazendo parte de frentes rivais, havia respeito entre os dois.

Rosas e Lavalle eram irmãos de leite. Tiveram a mesma ama de leite, a negra Natália. A luta, sem definição, já durava algum tempo, quando Lavalle resolve procurar Rosas em seu acampamento para propor uma trégua. Lá chegando, bastante cansado da cavalgada e não encontrando ninguém, resolveu descansar um pouco. Natália, então cozinheira da tropa, estava preparando uma *lechada* para o lanche. Ao deparar com Lavalle dormindo no lugar de Rosas, tomou um susto enorme e saiu correndo para buscar ajuda, temerosa do encontro entre seus filhos de leite, esquecendo a panela no fogo. Quando voltou, encontrou um creme grosso, com cor de caramelo. Nascia o doce de leite, em 17 de julho de 1829, confirma Lílian Goligorsky, jornalista e autora de vários livros de culinária.

Os doces seduzem e vão formando uma legião de aficionados ilustres ao longo da história. D. Pedro II (1825-1891) era maluco por doce de figo e sorvete de pitanga; Guimarães Rosa (1908-1967), por doce de laranja-da-terra; Jorge Amado (1912-2001) adorava doce de coco; Gilberto Freyre (1900-1987), sorvete de abacaxi; Carlos Drummond de Andrade (1902-1987) não passava sem leite-creme; Juscelino Kubitscheck (1902-1976) salivava por baba de moça; Roberto Carlos adora doce de abóbora.

Os **doces portugueses** fizeram sucesso ao chegar ao Brasil, mas sofreram algumas adaptações. Em decorrência da falta de leite, manteiga e farinha do reino (farinha de trigo), esses ingredientes foram substituídos pelo leite de coco trazido pelos escravos de Moçambique, pela farinha de **mandioca**, que se tornou o principal ingrediente no preparo de bolos, e pela banha de porco. Com o desenvolvimento do plantio da cana-de-açúcar, havia abundância de matéria-prima para a produção de doces. Logo surgiram os tipicamente brasileiros, feitos com frutas nativas, em forma de doces em calda, em pasta ou cristalizados, substituindo os portugueses. Também datam da mesma época receitas de bolos desenvolvidas pelas ricas famílias do Nordeste, como o bolo Souza Leão, bolo Fonseca Ramos, bolo Luís Felipe, entre tantos outros.

O bolo **floresta negra** surgiu na primeira metade do século XX, na Swabia, Alemanha, pelas mãos do *pâtissier* **Josef Keller** (1887-1981), do Café Anger. O nome de batismo é Schwarzwälder Kirschtorte, homenagem a Floresta Negra, cordilheira do sudoeste da Alemanha, no Estado de Baden-Württemberg. *Schwartz* significa negra; *wälder*, floresta; *kirsch* se refere à utilização do *brandy* de cereja; e *torte* é a designação alemã para bolo. Na Áustria, o Kirsch é substituído pelo rum.

Diz a lenda que, no século XVIII, um navio espanhol, para se refugiar de uma tempestade, ancorou no Porto de Dundee, na Escócia. Trazia em seu carregamento laranjas provenientes de Sevilha. Um comerciante local, **James Keiller**, resolveu adquiri-las. Por se tratar de uma enorme quantidade e, para não perdê-las, recorreu à sua esposa, que prontamente encontrou uma solução: conservá-las em forma de doce, inventando, assim, a geleia. A rainha Catarina de Médici (1519-1589) introduziu a geleia na corte francesa, no século XV. Em Londres, o hábito foi levado pela princesa portuguesa Catarina de Bragança (1638-1705), junto com uma receita de geleia de laranja, típica da doçaria de Portugal. Em 1585, o padre José de Anchieta (1534-1597) relatou a existência de doces que se assemelhavam a geleias na então província brasileira. Dizia ele em carta: "Para os enfermos, não faltam regalos feitos de açúcar, e, assim, fazem cidrada, laranjada ou cotonada (doce de marmelo) em conserva."

Ao contrário do que pensamos, a goiabada com queijo, também conhecida como Romeu e Julieta, não é uma sobremesa tipicamente brasileira. Ela tem influência búlgara. A receita do queijo cremoso que faz parceria com a goiaba em calda, nascida nos engenhos cubanos, chegou à ilha do Caribe na bagagem de imigrantes vindos da Bulgária.

Era dia de festa, o Hotel Imperial seria inaugurado para receber os convidados da exposição mundial sediada pela capital austríaca, em abril de 1873. O banquete inaugural seria comandado pelo imperador Francisco José I (1830-1916) e, como reza a tradição vienense, era indispensável a criação de uma torta especial para a ocasião. Xaver Loibner fazia parte da equipe de cozinheiros e *pâtissiers* da monarquia e acalentava um sonho: criar uma torta que tivesse a cobertura de chocolate enfeitada com a águia imperial. Algumas noites maldormidas e um sonho serviram de inspiração ao então aprendiz. Torta feita, batizada Imperial Torte, foi aprovada pelo imperador e por sua mulher, a imperatriz Elizabeth – a Sissi, vivida no cinema pela atriz Romy Schneider (1938-1982) –, e logo caiu nas graças de toda a monarquia. A Imperial Torte e a Sacher Torte são representativas da melhor tradição da *pâtisserie* austríaca. Os austríacos ainda não chegaram a um consenso sobre qual é a melhor.

Madeleine, esse apetitoso bolinho aromatizado com casca de limão ou água de flor de laranjeira, imortalizado na literatura por Marcel Proust (1871–1922), escritor francês, teve sua origem na pequena vila de Commercy, na região de Lorraine, na França. Uma camponesa chamada Madeleine Paulmier fazia seus bolinhos no formato de conchas. Stanislas Leszcsynski (Stanislau I), em visita ao castelo de Commercy, em 1775, provou o bolinho e o apreciou tanto que o batizou com o nome de sua criadora. Logo as madeleines ganharam o coração de Versailles e depois de Paris.

O manjar branco é uma das mais antigas sobremesas do mundo – data de cerca de mil anos. Nasceu no sul da França, mais precisamente em Languedoc, segundo Grimond de la Reynière (1758–1837). Na Idade Média, era servido como acompanhamento de carnes claras e feito com mel. Em meados do século XVI, a princesa de Portugal, Dona Maria (1538–1577), por ocasião de seu casamento com Alexandre de Farnésio (1635–1689), terceiro duque de Parma, Piacenza e Guastella, levou consigo uma receita do manjar para Nápoles. Até então, o manjar era preparado com peito de galinha, açúcar, leite, água de flor e sal. D. Sebastião (1544–1578), que detestava o manjar, proibiu seu consumo em 1570, por julgá-lo fora dos parâmetros da economia popular, relata Câmara Cascudo. Em 1841, a receita atravessou o Atlântico e apareceu no primeiro livro de cozinha publicado no Brasil,

O cozinheiro imperial (Nova Cultural, 1996), já com o sal suprimido. Lentamente, o manjar branco foi se transformando no doce feito com leite de coco, maisena e açúcar com calda de ameixa dos dias de hoje. Essa sobremesa também é típica do Peru e do nordeste da Argentina, onde é preparada com leite e baunilha.

A receita contemporânea do marrom glacê é fruto da distração de um cozinheiro que trabalhava para o duque Carlo Emanuele I di Savoia (1562-1630). Ele cozinhou em calda de açúcar, em vez de água, as castanhas destinadas ao recheio de um javali. Tem nome francês, mas nasceu em Turim, na Itália. Era um dos doces prediletos do rei Luís XIV.

Marzipã, essa deliciosa pasta de amêndoas, tem sua origem disputada por italianos, espanhóis, alemães e franceses. Italianos afirmam que o *marzapane* apareceu em Veneza, no século XIII, como alternativa para aproveitar os carregamentos de amêndoas importadas da Ásia ou, ainda, teria surgido na Sicília, no Convento de Martona, próximo de Palermo. Espanhóis alegam que o doce nasceu no século XVI, em um monastério de Toledo. Impedidos de produzir pão quando um inverno rigoroso dizimou a produção de trigo, monges espanhóis resolveram juntar toda a amêndoa que dispunham e adicionar açúcar. Criaram o doce de *mazapán*. *Maza*, ato de amassar, e *pan*, obviamente, pão. Alemães, da cidade portuária de Lübeck, contam que um padeiro de nome desconhecido conseguiu desenvolver um pão de amêndoas denominado *marci panis*, pão de Marcos, por ter sido feito no dia consagrado a São Marcos em 1407. Franceses sustentam que a receita era preparada em um mosteiro de freiras da Ordem das Ursulinas, em Issoudum, França, desde o início do século XVIII. Honoré de Balzac (1799-1850) que o diga. Proprietário de um comércio em Paris, vendia com exclusividade a iguaria das irmãs, nos idos de 1844.

Alguns historiadores creditam a Gasparini, confeiteiro suíço, proprietário de uma loja na cidade de Mehringhen, no ducado de Saxe-Cobourg, a descoberta do merengue, em 1720. Também chamado de meringue ou suspiro, é uma mistura à base de claras de ovos batidas em neve e açúcar.

Mille-feuilles é um doce francês, criado por Jean Rouget, famoso *pâtissier* do século XVII, quase por acaso. Ao preparar uma massa de brioches, errou a mão com a quantidade de manteiga. Tentou, de todas as maneiras, corrigir o excesso, dobrando e desdobrando a massa inúmeras vezes, até que levou-a ao forno. Para sua surpresa, percebeu que a massa se transformara em uma infinidade de camadas muito finas e crocantes. Batizou-a de *mille--feuilles* (mil-folhas).

Em 1819, o marquês de Cussy (1766-1837) recebeu de Napoleão Bonaparte a incumbência de criar uma sobremesa que deveria lhe lembrar o sangue de seus homens em guerra com a Espanha, e a paz que todos esperavam alcançar. Cussy criou a clássica e deliciosa combinação de morangos com chantili.

Pão-de-ló ou pandeló, um dos principais doces portugueses, foi o primeiro bolo de farinha a se adaptar no Brasil. Era reservado a ocasiões especiais, por ser tratar de um doce caro, feito com muitos ovos e açúcar, e de preparo demorado. Era costume enviá-lo às famílias enlutadas – depois de coberto com um lenço de seda preta –, que o serviam aos que assistiam aos funerais e aos doentes, afirma Câmara Cascudo. Acompanhado de um cálice de vinho, era oferecido a condenados momentos antes de subirem à forca. Quanto ao nome ló, vem de um tecido muito leve e fino, como o bolo em questão. Em Portugal, sua terra natal, existem inúmeras fórmulas e técnicas de se preparar o pão-de-ló, que variam de acordo com as características de cada região.

Doce português, os papos de anjo são bolinhos feitos com gemas batidas, assados no forno e depois mergulhados em calda de açúcar bem ralinha. Vinicius de Moraes (1913-1980), além de diplomata, poeta e compositor, também era ótimo cozinheiro e afeito aos prazeres da boa mesa. Adorava papos de anjos, mas apenas os de sua mãe, dona Lídia. Imortalizou sua preferência em carta escrita a Tom Jobim, em 1964, antes de regressar da França. Escreveu Vinicius:

> Para o jantar, uma galinha ao molho pardo, um arroz bem soltinho e papos de anjo. Mas daqueles que só a mãe sabe fazer. Daqueles que, se a pessoa fosse honrada mesmo, só devia comer metida em um banho morno e em trevas totais, pensando, no máximo, na mulher amada.

Pavlova é um doce típico da Austrália e da Nova Zelândia. Trata-se de um merengue feito com ovos batidos com vinagre e um pouquinho de maisena e açúcar, levado ao forno para assar. Depois de frio, recebe uma camada de creme chantili e frutas como pêssego, maracujá e kiwi. Pode ser servido acompanhado de uma calda de fruta ou de sorvete de creme. Sobremesa deliciosa e muito leve, foi criada pelo chef austríaco Herbert Sachse, do The Esplanade Hotel, para homenagear a bailarina Anna Pavlova (1881-1931), em sua interpretação na peça *A morte do cisne*, em que executava o mais célebre e aplaudido solo da história do balé.

Após assistir ao desempenho de Nellie Melba, nome artístico de Helen Porter Mitchell (1861-1931), célebre soprano australiana, na ópera Lohengrin, de Richard Wagner (1813-1883), Auguste Escoffier (1846-1935), chef do Savoy Hotel na ocasião, criou, em sua homenagem, a sobremesa Pêche Melba. Os pêssegos caramelizados vinham dispostos em uma taça de prata, incrustada em um bloco de gelo com a forma de um cisne, em alusão ao animal que aparece no primeiro ato da ópera, tudo coberto com fios de açúcar e colocado sobre um leito de sorvete de baunilha. A sobremesa foi servida em um banquete oferecido pelo duque de Orléans (1869-1926), em Londres, no ano de 1892, para comemorar o sucesso da soprano.

Os primeiros doces genuinamente brasileiros foram o pé de moleque, a paçoca, a rapadura, a mãe-benta, a cocada e os quindins de Iaiá. O pé de moleque é feito com rapadura e castanhas de caju do Nordeste e, no interior de São Paulo, com amendoim, onde também é conhecido como "paraquedista" ou "expedicionário". A origem do nome, diz a lenda, vem das brincadeiras das crianças, que ficavam em volta do fogão enquanto as doceiras mexiam os tachos. Ao perceberem o olhar "pidão" da criançada, elas diziam: "Pede, moleque! Pede, moleque!"

O picolé foi inventado por Frank Epperson, um menino de 11 anos, que esqueceu no quintal de sua casa, em São Francisco, na Califórnia, um copo de refresco com uma colher dentro, durante uma noite de inverno, em 1905. Pela manhã, ele notou que a bebida e a colher haviam congelado juntas. O Chicabon foi o primeiro picolé do Brasil e o segundo sorvete a ser lançado pela Kibon, em 1942, logo depois do Eski-Bon. A origem do nome é interessante. A versão oficial diz que Chicabon é uma homenagem às mulatas cariocas chamadas Francisca (Chica), nome comum na época. Outra, mais romântica, conta que um americano da empresa caiu de amores por uma negra chamada Francisca e decidiu declarar seu amor dando o nome da mulher ao picolé.

Corria o ano de 1864, e a opereta *La belle Hélène*, de Jacques Offenbach (1819-1880), compositor franco-tedesco, era um sucesso musical estrondoso na capital francesa. Inúmeras criações gastronômicas surgiram com seu nome, mas apenas uma sobreviveu: poire Belle Hélène, de autor desconhecido. Trata-se de uma pera cozida, sem a casca e sem os caroços, em calda de baunilha e caramelo, servida com sorvete de creme ou chantili. Trinta anos depois, Auguste Escoffier, considerado "o rei dos chefes e o chefe dos reis", introduziu na receita a calda quente de chocolate, passando a chamá-la apenas de Poire Hélène.

Um monge inventou o **pretzel** e lhe deu a forma de braços entrelaçados em posição de quem reza. Ele costumava presentear com esse biscoito as crianças que memorizassem passagens das **Sagradas Escrituras**. Em inglês, a palavra *pretzel* vem diretamente do alemão *brezel*, que remonta ao latim *brachitellum*, diminutivo de um termo que significa "com braços". Biscoitinho alsaciano que, antes de assar, é salpicado com sal grosso e costuma ser consumido com **cerveja**.

O **pudim à abade de priscos** foi a única receita que o famoso clérigo de Braga, em Portugal, **Manuel Joaquim Machado Rebelo** (1834-1930), considerado um dos maiores cozinheiros portugueses, revelou. Ele costumava dizer que "a culinária é uma arte muito bela, mas depende inteiramente do artista que a pratica". Seu único pecado foi mesmo o de não ter deixado nenhum livro de receitas. Todo lugar ao qual ia cozinhar, levava consigo uma maleta. Imagina-se que ali iam especiarias, condimentos, temperos e elixires que costumava usar em suas receitas. Ninguém nunca a abriu para desvendar seu conteúdo. Quanto ao pudim, é preparado com toucinho fresco, de preferência de Chaves ou de Melgaço, açúcar, gemas de ovos, canela, limão e um cálice de vinho do Porto.

Não se sabe ao certo quando foi a primeira aparição da Sacher Torte, uma *génoise* de chocolate, recheada com geleia de **damasco** e cobertura de chocolate, servida acompanhada de chantili. Se foi no Congresso de Viena, em 1814, ou em um banquete oferecido ao príncipe Klemens Wenzel Lothar Metternich (1773-1859), artífice da Santa Aliança, em 1832. Seja como for, deve-se a Franz Sacher (1816-1907), confeiteiro vienense, sua criação. Após sua morte, travou-se uma batalha judicial pelo direito de comercialização da torta, que se arrastou até 1860. De um lado, a família do confeiteiro, que administrava o hotel Sacher. Do outro, Edoward Demel (1843-1892), confeiteiro austríaco, que alegava ter comprado do próprio Sacher o direito de comercializar um doce semelhante com o selo Original Sacher Torte. A família saiu vitoriosa, mas Demel não se deixou abater. Fez uma pequena alteração na receita, passando a dispor os damascos no topo da torta, e batizou sua recriação de Ür-Sacher Torte, a verdadeira. Pura provocação.

Doce tradicional da França, a famosa torta Saint-Honoré foi criada por Marcel Chiboust, doceiro parisiense, em 1846, na confeitaria Place de La Bourse, dos irmãos Julien, localizada na rue Saint Honoré, em Paris. Recebeu esse nome para homenagear o bispo gaulês de Amiens de mesmo nome, que foi santificado e é padroeiro dos confeiteiros e panificadores.

Para homenagear Brillat-Savarin (1755-1826), os irmãos Michel e Auguste Julien, confeiteiros parisienses, seus discípulos, criaram uma iguaria da doçaria francesa, o savarin, em 1846. Na forma de um anel, vazio em seu miolo, sua massa é banhada em rum ou Kirsh após sair do forno, e pincelada com geleia de damasco. Depois de fria, o interior vazado é preenchido com creme chantili e enfeitado com frutas cristalizadas. Brillat-Savarin colaborou com a calda de rum e o licor de cerejas que o embebe.

292

O *sorbet* é um tipo de sorvete feito unicamente com suco de fruta e, eventualmente, uma bebida alcoólica, sem a adição de gorduras nem gemas, mais macio e granuloso que o sorvete tradicional. Sua consistência é dada pela quantidade de açúcar: quanto mais açúcar, mais mole será. Na Roma Antiga, o imperador Nero costumava enviar seus escravos aos Alpes para abastecer suas cozinhas com neve, e poder desfrutar de uma bebida refrescante elaborada com polpa de frutas, mel e néctar de flores perfumadas. Na corte de Alexandre Magno (356 a.C.-323 a.C.), era comum enterrar ânforas com frutas picadas, misturadas com neve e mel, para depois servi-las geladas. Os cozinheiros que serviam aos califas de Bagdá já elaboravam uma mistura a qual chamavam *sharbett*. A palavra *sorbet* é um afrancesamento do italiano *sorbetto*, derivado do mouro *charab* (bebida) e do turco *chorbet* (bebida fria). Nos restaurantes mais sofisticados, é servido para limpar o paladar entre um prato e outro, permitindo melhor apreciação da próxima iguaria a ser oferecida. Graças às propriedades gelatinosas de certas algas marinhas, os chineses descobriram uma forma de conservar os sucos de frutas endurecidos, em uma temperatura próxima de 0°C, por volta de 500 d.C. Essa técnica foi passada para os persas, daí para os árabes e, por fim, para os italianos, que a aprimoraram. No século XIV, o veneziano Marco Polo (1254-1324) regressou de sua famosa viagem para o Extremo Oriente com uma receita para preparar gelados com suco de frutas e mel. A grande novidade era que essa mistura poderia ser guardada em recipientes mantidos em uma solução de água e nitrato de potássio para conservá-la fria. Catarina de Médici, ao se mudar para a França em 1533, por ocasião de seu casamento com o rei francês Henrique II, levou consigo a nova invenção. Sua neta, ao se casar com Carlos I (1600-1649) da Inglaterra, levou o sorvete para o Reino Unido. Em 1671, na Inglaterra, o leite ou seu creme, ovos e aromatizantes foram incorporados ao sorvete pelo francês DeMirco, *pâtissier* do rei Carlos II. No Brasil, o sorvete só ficou conhecido em 1834, quando ancorou no Rio de Janeiro o navio norte-americano Madagascar, trazendo a bordo 217t de gelo prontamente adquiridas por Deroche e Lorenzo Fallas, proprietários de uma confeitaria na Rua do Ouvidor. Em São Paulo, a primeira notícia de sorvete que se tem registro é de um anúncio no jornal *A Província de São Paulo*, em 4 de janeiro de 1878, que dizia: "Sorvetes – todos os dias às 15h, na Rua Direita, 14." O sociólogo e escritor Gilberto Freire (1900-1987) relata em sua obra, *Açúcar*, que o sorvete foi a desculpa que faltava para a liberação social das mulheres, que passaram a invadir as confeitarias antes frequentadas exclusivamente por homens. Mas isso é outra conversa.

O restaurante Serendipity 3, em Nova York, entrou em 2007 para o *Guinness book of records* por ter incluído em seu cardápio o sundae mais caro do mundo. É o Frozen Haute Chocolate, uma extravagância avaliada em US$25 mil. Os ingredientes incluem 28 tipos de chocolates raros provenientes de 14 países, 5g de ouro 23 quilates comestível e o exclusivo chantili da casa. Vem coroado com a trufa La Madeleine au Truffe, da butique americana Knipschildt Chocolatier. Importada da França, a trufa negra do Périgord é envolvida em uma *ganache* feita com o venerado chocolate 71% Grand Cru Valrhona e é vendida por US$250 a unidade. O sundae é servido em uma taça coberta com folhas de ouro comestível, adornada com uma pulseira de ouro 18 quilates com diamantes. A colher também é de ouro 18 quilates.

Duas irmãs francesas, Caroline (1847-1911) e Stephanie Tatin (1838-1917), criaram a tarte tatin. As irmãs viveram em Lamotte-Beuvron, uma pequena cidade rural no Vale do Loire, e eram proprietárias de um pequeno hotel chamado L'hotel Tatin. A irmã mais velha, Stephanie, cuidava da cozinha. Embora fosse cozinheira de mão cheia, não era a mais brilhante das pessoas. Sua especialidade era uma torta crocante de maçãs caramelizadas. Um dia, durante a temporada de caça, estando o hotel lotado, Stephanie, na correria, preparou a torta esquecendo-se de pôr a massa ao fundo. Quando percebeu que não havia tempo de fazer outra, colocou uma massa doce por cima das maçãs e do açúcar caramelizado, e resolveu servir a estranha torta, ainda quente. Para sua grata surpresa, os hóspedes adoraram. Animada com o feito, foi para Paris e lá conseguiu convencer Eugène Cornuché, maître do Maxim's, a incluir sua receita no cardápio do restaurante, em 1898. Foi a consagração da tarte tatin. Desde então, a sobremesa é uma especialidade da casa.

Muitas são as lendas sobre o tiramisù, sobremesa clássica italiana que alterna camadas de mascarpone com biscoitos ingleses embebidos em café forte. Uma delas reza que o tiramisù nasceu no século XVII, quando Cosimo III de Médici (1639-1723), após assumir o cargo de grão-duque da Toscana, foi passar uns dias em Siena. Como o governante era fanático por doces, os confeiteiros sienenses decidiram fazer, em sua honra, um doce exclusivo que chamaram de *zuppa del duca*. Outra versão diz que o nascimento e o batismo do tiramisù ocorreram quando uma cortesã começou a receber seus clientes com a iguaria. Ao entregá-la, dizia: "Saboreia com carinho, estou te dando um doce *che ti tira su*." Eles entendiam a mensagem, principalmente as últimas palavras: um doce que te levanta.

O torrone, doce de amêndoas torradas com mel, açúcar e clara de ovo, é uma iguaria típica da Europa. Na Espanha, o *turrón*, como é chamado, pode ser elaborado com frutas cristalizadas, chocolate e marzipã. Sobre sua origem, os espanhóis contam que, em meados do século XVII, Felipe IV (1605-1665) invadiu Barcelona com suas tropas e ofereceu um prêmio para quem criasse um doce que pudesse ser conservado por um longo período. O vencedor foi um confeiteiro chamado Turrons. Os italianos, por sua vez, argumentam que os romanos já o conheciam – chamavam-no *cupeto* – e que o primeiro registro de seu nome data de 1441, quando foi servido no banquete de casamento de Francisco Sforza (1401-1466) e Bianca Maria (1425-1468), com o formato da famosa torre da cidade de Cremona, a Torr'Ione, passando, desde então, a ter essa denominação. Na Itália, o torrone apresenta variações em seu preparo, de região para região. Na Sardenha, o torrone não leva açúcar, apenas mel. Em Abruzzo, leva chocolate e nozes. Na Lombardia, recoberto de chocolate, é o mais conhecido. Em Áquila, tem fruta cristalizada e canela. Na Sicília, leva pistache, amendoim e chocolate. No Veneto, as amêndoas são secas e não torradas. Na Calábria, além de amêndoa, mel e clara de ovo, tem amendoim.

Para agradecer a hospitalidade dos monges do Mosteiro Monteserrat, na Espanha, em 1265, Vaccarinus, monge suíço, criou uma sobremesa deliciosa. Lançando mão de um queijo de sua terra natal que trazia na bagagem, levou-o ao fogo para derreter. Juntou um pouco de creme e, ao redor, uma coroa de merengue. Santa maravilha! Batizada de Caseus Vaccarini, sofreu alterações ao longo do tempo na receita original, com o acréscimo de sorvetes variados, frutas cristalizadas e chantili. Hoje é conhecido como vacherin.

O waffle é aparentado dos populares *obélios*, biscoitinhos fininhos de massa de farinha e água, assados entre duas placas de metal quente, muito apreciados por gregos no século III a.C. Surgiu das mãos de um artesão francês que resolveu moldar a massa em placas dotadas de baixos-relevos, em forma de colmeia, em francês, *wafla*. O sucesso foi tamanho que obrigou o rei Carlos IX (1550-1574) a criar uma lei para regulamentar seu comércio, estabelecendo uma distância mínima entre os pontos de venda de aproximadamente 4m.

Termos culinários

O costume de servir à la russe foi creditado ao príncipe russo Borissovitch Kourakine (1759-1829), embaixador do czar Alexandre I (1777-1825). Em recepção oferecida em Paris, em 1810, pelo príncipe, os convidados, à entrada, receberam o menu com a relação e a exata sequência dos pratos servidos no jantar. Sobre uma mesa ricamente enfeitada com flores, ficaram dispostas as sobremesas. O estilo foi adotado na França e em outros países europeus, desde então.

Entendendo a brigada de cozinha:

❖ Chef-patron: proprietário do estabelecimento que também cozinha.

❖ Chef-de-cuisine: principal executivo da cozinha, é responsável pela brigada, responde pelo dono em sua ausência ou, na hipótese de o dono não cozinhar, se responsabiliza pela qualidade da comida.

✤ Sous-chef: assistente exclusivo e substituto do chef. Abaixo dele, iguais na hierarquia da cozinha, vêm os especialistas, ou chefs-de--partie, responsáveis por cada praça ou setor na cozinha. Podem ser:

✤ Garde-manger: responsável pela cozinha fria (saladas, molhos frios, *aspics*, canapés, terrines, patês) e pela criação dos elementos decorativos. Conta com auxiliares, chamados *commis-garde-manger*.

✤ Rôtisseur: prepara carnes e aves assadas; também conta com um auxiliar, o *commis-rôtisseur*.

✤ Poissonnier: prepara peixes; ajudado por um *commis--poissonnier*.

✤ Entremetier: prepara as guarnições, ou seja, amidos, ovos e frituras por imersão, e também é auxiliado por um *commis--entremetier*.

✤ Pâtissier: prepara sobremesas, sorvetes, petit-fours e tortas. É auxiliado por um *commis-pâtissier*.

- ✦ Saucier: prepara molhos, braseados e salteados; conta com a ajuda de um *commis-saucier*.
- ✦ Grillardin: prepara grelhados.
- ✦ Legumier: prepara legumes para cocção.
- ✦ Potager: prepara sopas.
- ✦ Tournant: não tem praça específica. Trabalha onde for necessário e domina muitas técnicas.
- ✦ Aboyeur: responsável por "cantar" as comandas para a cozinha. O chef ou o sous-chef, muitas vezes, exerce essa função.
- ✦ Boucher: limpa, desossa e corta carnes e aves.

Em 1902, Auguste Escoffier (1846-1935), chef francês, declarou:

> Um cozinheiro, mesmo sendo capaz e experiente, não reúne necessariamente as qualidades de um chef. Um chef é um artista e administrador que faz da cozinha seu interesse maior.

Segundo Alain Ducasse, o multiestrelado chef francês:

> Ser chef é, ao mesmo tempo, uma paixão e uma maneira de viver, de se expressar. Pertencer à sua época, reconhecendo ao mesmo tempo o valor do passado. Estar sempre à procura do melhor modo de fazer, do desenvolvimento das técnicas, para extrair ainda mais sabor dos produtos, encontrar os ingredientes mais belos, justapor sabores, chegar ao ponto ideal de uma cozinha em perfeito equilíbrio, harmoniosa e moderna.

O termo Cordon Bleu tem origem no cordão azul, de onde pendia a cruz da Ordem dos Cavaleiros do Santo Espírito, usada por seus membros. A Ordem foi criada em 1578 por Henrique III (1551-1589) da França, ao ser proclamado rei da Polônia, e foi abolida com a Revolução Francesa e o fim da Monarquia, mas o termo ficou — está associado à excelência no mundo da gastronomia. Também nomeia uma das melhores escolas de cozinha de Paris, a Le Cordon Bleu, fundada em 1895.

Antigamente, o envenenamento era o método mais utilizado para assassinar grandes personalidades, como reis e papas. Para evitá-lo, os pratos dos governantes e poderosos eram cobertos, para impedir que alguém adicionasse algo. Esse hábito se generalizou mais tarde, por motivos de higiene, e, já no século XV, as estalagens levavam os pratos à mesa recobertos por um guardanapo — e cobravam por essa proteção. No século seguinte, garfo e faca, utensílios raros, caros e não disponíveis no mercado, passaram a acompanhar os pratos e acabavam sendo roubados pela clientela. Para amenizar o prejuízo, as estalagens começaram a cobrar por esse privilégio. A palavra francesa *couvert* (coberto) passou, então, a designar não só o prato coberto, como também os talheres usados à mesa.

"Sabemos mais sobre o que se passa na superfície da Lua do que no interior de um *soufflé*." Palavras do físico húngaro Nicholas Kurti (1908-1998). De suas experiências, na Universidade de Oxford, nos idos de 1980, juntamente com o químico francês Hervé This, deriva a cozinha molecular. Resumidamente, é o estudo científico das técnicas culinárias e dos processos físico-químicos que influenciam a preparação dos alimentos. A ideia é usar as leis básicas da Física e da Química para empreender novas aventuras no mundo dos aromas, dos sabores e das texturas. Bombons com recheio líquido quente; chá frio na metade esquerda da xícara e quente na outra metade; sopa fria que solta fumaça; sorvete de bacon; purê de alho com gelatina de café, essas são algumas das criações da cozinha molecular.

Para tentar debelar o costume popular de apostar em quem conseguiria beber mais vinho até o final de cada banquete, o imperador Carlos Magno (742-814) criou uma lei especial que condenava os apostadores a uma dieta a pão e água. Infelizmente, esta não obteve o menor êxito. O costume continuou, assim como os péssimos hábitos de cuspir no chão, falar de boca cheia, assoar o nariz com estrondo e palitar os dentes com faca. Incomodado também com questões relativas à etiqueta à mesa, Leonardo da Vinci (1452-1519) teria redigido alguns conselhos de bom proceder, no polêmico *Codex Romanoff*. Vejamos alguns desses conselhos de da Vinci:

Nenhum convidado deverá se sentar sobre a mesa, de costas para ela ou no colo de outro convidado. Ou sentar-se debaixo dela.

Nem deverá colocar os pés sobre a mesa.

Não deverá enfiar a cabeça no prato para comer.

Não deverá pegar comida no prato de seu vizinho, sem antes pedir licença.

Não deverá limpar sua faca na roupa do vizinho.

Não pegará comida da mesa e a colocará no seu bolso ou em sua bota, para mais tarde.

Não deverá cantar, fazer discursos, gritar ou propor charadas obscenas, se estiver ao lado de uma dama.

Não deverá bater em nenhum empregado, a não ser em defesa própria.

Não deverá conspirar com ninguém, a não ser com o dono da casa.

Deverá abandonar a mesa se está para vomitar.

E o mesmo se tiver de urinar.

Luís XIV (1638-1715), o Rei Sol, o maior dos reis absolutistas da França, apreciava festas, mulheres, mesa farta e etiqueta à mesa. Com ele, estimulou-se o serviço à francesa – os pratos são servidos seguindo uma ordem – e a disposição dos convidados respeita um plano de mesa bem elaborado. Sobre o apetite do monarca, a princesa Isabel Carlota do Palatinado (1652-1722), casada com o irmão do rei, Felipe de Orleans (1640-1701), deixou testemunho por escrito do que comia habitualmente seu cunhado real:

Muitas vezes, eu o vi comer quatro tigelas de sopa, um faisão inteiro, uma perdiz, um grande prato de salada, duas grossas fatias de presunto, um prato de carneiro ao alho, um prato de doce e, ainda por cima, frutas.

Depois de sua morte, verificou-se que seu estômago era duas vezes maior que um estômago normal.

A palavra gourmet, de origem francesa, significa o "servidor de vinho". Já aparece como "todo aquele que sabe distinguir entre um bom e um mau vinho", no *Dictionaire de Trévoux*, de 1771. O termo gourmand significa o apreciador da alta gastronomia. Ambas se popularizaram de maneiras distintas. Gourmet, designando pessoa que aprecia a arte de comer e beber bem; gourmand, aquele que gosta de comer muito. O famoso guloso.

Milon de Crotona, superatleta grego, seis vezes vencedor dos jogos olímpicos, viveu no século VI a.C., na Grécia Antiga. Para treinar, arrastava um carro puxado por quatro cavalos e andava com um boi nas costas por mais de uma centena de passos. Para se reconfortar, matava um boi com um soco certeiro, mandava assá-lo e devorava-o inteiro. Glutão, era capaz de devorar 8kg de pão e 9kg de carne regados a 15 litros de vinho diariamente. Homem inteligente, discípulo de Pitágoras (571 a.C.-497 a.C.), quis o destino que sua força de nada valesse — ao tentar partir um tronco em dois, Milon teve suas mãos presas nas fendas da árvore e acabou sendo devorado, à noite, por um leão. Outro que também dava conta de um boi inteiro antes de competir era Teágenes de Tasos, o Lutador, vencedor olímpico no boxe e no pancrácio. Algumas mulheres gregas também não deixavam por menos. Agale, por exemplo, tocava trompete nas festas de Alexandria e, após suas apresentações musicais, matava sua fome com 6kg de pão, 5kg de carne e 5 litros de vinho. Seu segredo? Sofria de bulimia.

Inúmeros títulos sobre civilidade foram publicados no século XVI, com o intuito de ensinar à corte um comportamento adequado. Entre as obras publicadas, destaca-se *Nouveau traité de la civilité* (1671), de Antoine de Courtin (1622-1685), que se tornou o mais influente guia de boas maneiras jamais escrito.

> Deve-se cortar a carne no prato e levá-la à boca com o garfo. Digo com o garfo porque é... muito indecente tocar alguma coisa gordurosa, ou com molho, ou no xarope etc., com os dedos, à parte o fato que o obriga a cometer mais dois ou três atos indelicados. Um deles seria frequentemente limpar a mão no guardanapo e sujá-lo como se fosse um trapo de cozinha, de modo que as pessoas que o vissem enxugar a boca com ele se sentissem nauseadas. Outro seria limpar os dedos no pão, o que, mais uma vez, é sumamente grosseiro. O terceiro seria lambê-los, o que constitui o auge da indecência.

Luís XIV era a personificação dessa indecência. Continuou a comer com as mãos e lamber os dedos após cada refeição, até o último de seus dias.

A origem do corte julienne, técnica de cortar os legumes em tiras bem fininhas e longas com 5cm de comprimento, é obscura. Alguns atribuem a um cozinheiro chamado Jean Julienne, criador, no século XVII, de uma sopa guarnecida de bastõezinhos de legumes. Outros apontam para Julienne, cozinheira a serviço de Anne Francoise Hyppolyte Boutet (1779-1847), conhecida como Mademoiselle Mars, atriz da comédia francesa e amiga de Alexandre Dumas (1802-1870). Certo mesmo é o que o termo já aparecia na edição do livro *Le cuisinier royal*, em 1722.

Um dos mais antigos menus do mundo surgiu em um jantar organizado por Madame de Pompadour (1721-1764), amante predileta de Luís XV (1710-1774), no palácio de Choisy-le-Roy, em 17 de agosto de 1757. Um pergaminho em formato de disco foi dividido em quatro partes: *premier service*, *grandes entrées*, *plats de rost* e *entremets*. Em cada quadrante, foram relacionados os pratos servidos em cada uma das quatro sessões do banquete. Ao todo, foram 44 diferentes pratos.

Na Roma Antiga, as refeições eram divididas em três etapas. O *jentaculum*, a primeira do dia, resumia-se a um pedaço de pão umedecido em vinho ou mel, acrescido de leite de cabra ou de ovelha, queijo ou azeitonas. O *prandium* ou *cibus meridianus*, mais frugal que a cena, era servido ao meio-dia. Consistia em pratos frios, sobras do dia anterior, queijos e frutas. A *cena*, principal refeição do dia, iniciava-se às 16h, prolongando-se até o anoitecer. Dividia-se em três partes: o *gustatio*, ou antepasto, composto de ovos cozidos, azeitonas, cogumelos, saladas, rábanos e ostras; a *prima mensa*, ou prato principal, composta por pratos mais consistentes como peixes, carnes ou frutos do mar e verduras; e, por último, a *secunda mensa* ou sobremesa, na qual eram servidas frutas frescas e secas, bolos de mel e o *mulsum* (uma mistura de vinho com mel).

Foi Antonin Carême (1783-1833) quem introduziu a roupa branca e o conhecido toque blanche (chapéu de cozinheiro), hoje uniforme obrigatório nas cozinhas do mundo inteiro. Antes de adotá-lo, o chapéu de cozinheiro variava de país para país, segundo a *Grande enciclopedia illustrata della gastronomia*. Os ingleses usavam um boné escocês extremamente engomado. Os espanhóis, um barrete de lã branca, que lembrava o dos toureiros. Alemães, algo que se assemelhava a um capacete militar. Italianos e franceses usavam uma ridícula touca para dormir, com direito até a pompom. O referido livro acrescenta ainda que, no fim do século XIX, o modo de usar o toque blanche funcionava como espécie de linguagem que servia para indicar o temperamento do chef. Aquele que o carregava ligeiramente inflado e caído para trás da cabeça era considerado quase sempre autoritário. Quem o exibia inclinado sobre uma orelha passava por presunçoso e valentão. O que usava o chapéu profissional achatado no alto era tido como um chef negligente. Quanto ao hábito de usá-lo, há quem acredite que tudo começou por conta de um fio de cabelo encontrado na sopa de Sua Majestade Henrique VIII.

Os sabores básicos eram quatro: doce, detectado pela parte central da ponta da língua; salgado, percebido nas laterais da ponta da língua; ácido, registrado pelas laterais do meio da língua; e amargo, pela parte de trás, lá no fundo. Agora temos um quinto sabor chamado *umani*, uma palavra japonesa que significa saboroso e está associada à presença do glutamato monossódico, percebido pelas papilas gustativas, que tem a propriedade de realçar o sabor do alimento, sem alterar seu gosto original.

Utensílios de cozinha

A forma arredondada da ponta das lâminas das facas pode ter sido um feito do cardeal **Richelieu** (1585-1642), primeiro-ministro de **Luís XIII** (1601-1643), segundo **Antoine Furetière** (1619-1688), autor do *Dictionaire universel*, e uma das línguas mais venenosas da França. Durante um jantar, Richelieu notou que seu chanceler de **Séguier** (1588-1672) usava a faca para limpar os dentes. Indignado, ordenou que fossem arredondadas a ponta de todas as facas da casa.

Principal utensílio de uma cozinha, a **faca** tem tamanhos e usos próprios. Para um cozinheiro, não podem faltar as seguintes:

❖ **Faca do chef**: para uso em geral, a lâmina tem entre 20cm e 35cm de comprimento.

❖ **Faca de desossar**: para separar a carne do osso, a lâmina tem 15cm de comprimento.

Utensílios de cozinha

♦ **Faca de filetar**: em diversos tamanhos, com lâmina flexível, para filetar peixe.

♦ **Faca de legumes**: para pequenos cortes e para vegetais e **frutas**, a lâmina tem entre 5cm e 10cm de comprimento.

♦ **Faca serrilhada**: para o corte de alguns alimentos, como **pão** e bolo.

Melitta Benz (1873-1950), uma dona de casa alemã, cansada das constantes reclamações de seu marido em relação à qualidade do **café** por ela preparado – o coador de pano deixava escapar partículas de pó que conferiam um gosto desagradável à bebida –, teve a ideia de recortar um pedaço redondo de mata-borrão e, com ele, cobrir o fundo de uma caneca de latão na qual fizera vários furos. O resultado foi o primeiro **filtro de café** Melitta do mundo, criado na cidadezinha de Dresden, em 1908.

Embora conhecido por gregos e romanos desde a Idade Média, o **garfo** só voltou a aparecer na Europa por ocasião do casamento da filha do imperador de Bizâncio, **Constantino X** (1006-1067), em Veneza, em 1075. A princesa **Teodora** (1058-1083) trouxe, em seu enxoval, um garfo de ouro de dois dentes que logo foi considerado um pecado pelos católicos. O formato de uma haste e dois dentes lembrava o forcado, instrumento associado ao diabo, e impedia que o alimento, uma graça de **Deus**, fosse levado à boca com as mãos. A repercussão foi tamanha que as autoridades eclesiásticas chegaram a ameaçar a princesa de excomunhão. Vindo a princesa a falecer vítima da peste, tempos depois, o povo logo creditou sua morte a um castigo de Deus. Na Inglaterra, um viajante britânico que havia conhecido o garfo na Itália, adotou o costume de usá-lo e logo foi apelidado por seus amigos de Furcifer, engenhosa combinação da palavra *forchetta*, garfo em italiano, e Lúcifer. Também na França, o uso do garfo encontrou resistência. **Henrique III** (1551-1589), filho de **Catarina de Médici** (1519-1589), em visita à Veneza, encantou-se com o garfo e trouxe uma grande quantidade para ser usada na corte. Acontece que o rei, dada a sua predileção sexual, vivia cercado por uma tropa conhecida como *Le mignons du Roi*, formada por cavalheiros maquiados e adornados como damas. Não deu outra. A aristocracia francesa passou a considerar o uso do garfo uma manifestação de "afetação" e continuou comendo com as mãos. Admirador de um bom prato de espaguete, o rei de Nápoles, **Fernando II de Bourbon** (1810-1859), encarregou o despenseiro real de criar um garfo que permitisse enrolar corretamente a massa. **Gennaro Spadaccini**, o despenseiro em questão, inventou um garfo mais curto e de quatro pontas. O mundo inteiro absorveu a novidade.

James Dewar (1842-1923), físico e químico inglês, buscando uma forma de conservar soluções em laboratório, criou uma garrafa de vidro com paredes duplas revestidas de metal, com um espaço no meio, que, ao ser lacrada, mantinha o vácuo entre elas, impedindo a transferência de calor. Dewar nunca patenteou sua invenção. **Reinhold Burger** (1866-1954), alemão e fabricante de vidros, vislumbrou a oportunidade, diminuiu a enorme **garrafa térmica** de Dewar e ficou rico depois de lançá-la menor, em 1903.

Um trecho do *Codex Romanoff*, livro de anotações culinárias atribuído a Leonardo da Vinci (1452-1519), traz uma indicação de que o **guardanapo** pode ter sido mais uma de suas criações geniais:

> Depois de inspecionar a mesa de meu senhor ao cabo de uma refeição, constato uma situação desoladora, que lembra o fim de uma batalha. Creio ter encontrado a solução. Cada convidado deverá ter um pano próprio, para limpar suas mãos e facas. Uma vez sujo, o mesmo será dobrado, para não profanar a mesa com tal sujeira. Resta-me decidir que nome dar a ele e como apresentá-lo.

"Os celtas enxugavam os dedos em feixes de feno que lhe serviam de assento. Os espartanos colocavam ao lado de cada comensal um pedaço de miolo de pão", escreveu **Alexandre Dumas** (1802-1870). Cachorros, gatos e coelhos eram usados na limpeza das mãos dos comensais, em **banquetes** mais luxuosos. No século XIII, surgiram as *touailles*, pedaços de pano dependurados nas paredes, que os convivas utilizavam à vontade. Seguiram-se os guardanapos individuais de linho ou de algodão bordados, no Renascimento. Trazia-se, então, o guardanapo sobre o ombro ou braço esquerdo. Com a moda dos morangos, no tempo de Henrique III (1574-1589), rei da França, adquiriu-se o hábito de pendurá-lo no pescoço, hábito abandonado após sua morte.

São inúmeras as lendas acerca da criação da **taça de champanhe**: teria sido feita em bronze, a partir de um molde de cera tirado dos seios de **Helena de Troia** e guardado a sete chaves na ilha de Rhodes, diz a mais antiga; ou, em cumprimento às ordens de **Henrique II** (1519-1559) da França, a taça teria sido moldada a partir dos seios de sua amante, **Diane de Poitiers** (1499-1566). Como nessa época o **champanhe** não existia, ganha força a versão de que o molde teria sido inspirado no formato dos seios de uma das amantes do rei **Luís XV** (1710-1774) – ou da marquesa **Madame de Pompadour** (1721-1764) ou da célebre **Madame du Barry** (1743-1793). Certo mesmo é que **Luís XVI**

(1754-1793) ordenou à fábrica de porcelana de Sèvres que fossem criadas quatro taças para adornar a leiteira da rainha **Maria Antonieta** (1755-1793), no castelo de Rambouillet. Essas taças, chamadas *jattes tétons*, com formatos que lembram seios, eram destinadas ao consumo de **leite** e são produzidas até hoje.

Vinagres

Entre os vinagres finos, o mais célebre é o aceto balsâmico tradizionale di Modena. Durante a Renascença, usavam--no como remédio, na cura de doenças do aparelho respiratório e das anemias, daí se ter agregado ao termo *aceto* o adjetivo *balsamico*, que vem de bálsamo ou remédio. Existem três diferentes tipos de *aceto balsamico*. O tradizionale, o condimento balsâmico e o di Modena. Todos são elaborados na região da Emilia-Romagna, no centro-norte da Itália, com mosto cozido de uvas do tipo Lambrusco (tinta) e Trebbino (branca), fermentado naturalmente e submetido a um processo de lenta acetificação.

O tipo tradizionale, o mais nobre e mais caro, passa por duas fermentações e um processo de envelhecimento em diferentes barricas de madeira, por um mínimo de 12 anos. As barricas são agrupadas em cinco ou sete unidades. A barrica-mãe tem capacidade para cerca de 220 litros. É dela que vai sendo retirado o líquido para alimentar outros pequenos barris, feitos em tamanhos e com madeiras diferentes: carvalho (60 litros), castanha (50 litros), cereja (40 litros), freixo (30 litros) e amora (20 litros). Com o passar do tempo, parte do líquido se evapora, o que torna essa fase conhecida como *rincalzo*, e outra parte é absorvida pela madeira.

Para ter direito de usar a denominação *tradizionale*, ele precisa envelhecer por, no mínimo, 12 anos. O *tradizionale* é armazenado em uma garrafa típica e única para todas as marcas, com tampas coloridas. O *extra vecchio*, designação dos acetos que foram envelhecidos por 25 anos ou mais, usa tampa douradas. Todas as etapas de sua produção são controladas por rígidos padrões do consórcio oficial de produtores das cidades de Modena e Reggio nell' Emilia. O condimento balsâmico é preparado e envelhecido nos mesmos

padrões do *tradizionale*, mas não é avalizado pelo consórcio. O *aceto balsamico di Modena* muitas vezes é preparado industrialmente, em cubas de aço inoxidável, e não passa por um longo período de envelhecimento.

O nome Aceto Balsamico Tradizionale di Modena é protegido por organismos de proteção geográfica, tanto pelo Denominazione di Origine Protetta da Itália, como pelo Protected Designation of Origin da Comunidade Europeia.

Na Idade Média, o *vinagre* era usado tanto na cozinha quanto na medicina. É dessa época o aparecimento do "vinagre dos quatro ladrões", uma mistura de vinagre e *ervas* que permitia aos delinquentes de Marselha roubar os corpos dos mortos e saquear suas casas sem serem infectados pela peste que assolava a Europa em 1722.

Sobre o vinagre, em *Os cadernos de cozinha de Leonardo da Vinci*, o autor escreve:

> O vinagre faz com que os melancólicos se sintam menos melancólicos e deixa aquelas pessoas com vista nublada ainda mais nublada. Por outro lado, quando fizer calor, irá refrescá-lo se os pulsos forem mergulhados em uma mistura de vinagre e uvas podres.

Referências bibliográficas

ALGRANTI, Marcia. *Pequeno dicionário da gula*. Rio de Janeiro: Record, 2000.

____. *Conversas na cozinha*. São Paulo: Editora Senac São Paulo, 2006.

ALLENDE, Isabel. *Afrodite: contos, receitas e outros afrodisíacos*. Rio de Janeiro: Bertrand Brasil, 1998.

ALVES FILHO, Ivan; GIOVANNI, Roberto Di. *Cozinha brasileira com recheio de história*. Rio de Janeiro: Revan, 2000.

AMERICA, The Institute Culinary of. *The professional chef*. 7. ed. Nova York: John Wiley & Sons, Inc., 2002.

ANCHIETA, José. *Cartas*. São Paulo: Editora Loyola, 1984.

ANDERSON, Kenneth N.; ANDERSON, Lois E. *The international dictionary of food and nutrition*. Nova York: John Wiley & Sons Inc. 1993.

ANUNCIATO, Ofélia Ramos. *Ofélia: o sabor do Brasil*. São Paulo: DBA Melhoramentos, 1996.

ARMESTO, Felipe F. *Comida, uma história*. Rio de Janeiro: Record, 2004.

ARNDT, Alice. *Culinary biographies*. Houston: Yes Press Inc., 2006.

BAILEY, Mark. *Guia de drinques dos grandes escritores americanos*. Rio de Janeiro: Zahar, 2010.

BARRETO, Ronaldo Lopes Pontes. *Passaporte para o sabor*. 4. ed. São Paulo: Editora Senac São Paulo, 2003.

BLEU, Le Cordon. *Le Cordon Bleu's complete cooking techniques*. Nova York: William Morrow Cookbooks, 1997.

BLEU, Le Cordon; MARTINEZ, Ana Maria Perez. *Las técnicas del chef: equipo, ingredientes, terminologia gastronomica* (Le Cordon Bleu/Series, Spanish Edition). Barcelona: Blume, 2002.

BOHRMANN, Peter. *The bartender's guide*. Londres: Salamander Books Limited, 2001.

BOLAFFI, Gabriel. *A saga da comida*. 3. ed. Rio de Janeiro: Editora Record, 2000.

BORNHAUSEN, Rosy L. *As ervas do sítio*. 12. ed. São Paulo: Bei Editora, 2009.

_____. *As ervas na cozinha*. 3. ed. São Paulo: Bei Editora, 2009.

BRAUNE, Renata; FRANCO, Sylvia Cintra. *O que é gastronomia*. 1.ed. São Paulo: Editora Brasiliense, 2007 (Coleção Primeiros passos).

BRILLAT-SAVARIN, J. *A fisiologia do gosto*. São Paulo: Companhia das Letras, 2004.

BUENO, Eduardo. *A viagem do descobrimento: a verdadeira história da expedição de Cabral*. Rio de Janeiro: Objetiva, 1998.

CARLUCCIO, Antonio; CARLUCCIO, Priscilla. *Complete italian food*. Nova York: Rizzoli International Publications Inc., 1997.

CARNEIRO, Henrique. *Comida e sociedade, uma história da alimentação*. São Paulo: Campus/Elsevier, 2003.

CARO, Mark. *The foie gras wars. How a 5.000-year-old delicacy inspired the world's*. Nova York: Simon & Schuster, 2009.

CASANOVA, Giacomo G. *Memórias*. São Paulo: Editora Delta, 1956.

CASAS, Penelope. *The foods and wines of Spain*. Nova York: Alfred A. Knopf, 1993.

CASCUDO, Luis da Câmara. *História da alimentação no Brasil*. 1. ed. São Paulo: Global Editora, 2004.

_____. *Antologia da alimentação no Brasil*. Rio de Janeiro: Livros Técnicos e Científicos, 1977.

CASE, Frances. *1001 comidas para provar antes de morrer*. Rio de Janeiro: Sextante, 2009.

CAVALCANTI, Pedro. *Dez culturas à mesa*. São Paulo: DBA, 2003.

CELADA, Eva. *Os segredos da cozinha do Vaticano.* São Paulo: Planeta, 2007.

CONRAN, Caroline; CONRAN, Terence; HOPKINSON, Simon. *Enciclopedia Culinaria: Ingredientes — Equipo — Recetas*. Barcelona: Blumes, 1998.

COSTA, Odylo; COSTA, Pedro; NAVA, Pedro; CHAGAS, Carlos. *Cozinha do arco-da-velha*. Rio de Janeiro: Nova Fronteira, 1997.

DAVIDSON, Alan. *The Oxford companion to food*. 2. ed. Nova York: Oxford University Press, 1999.

DEL CONTE, Anna. *Gastronomy of Italy*. Nova York: Friedman/Fairfax Publishers, 2001.

DONEL, Elisa. *O passaporte do gourmet: um mergulho na gastronomia francesa.* Rio de Janeiro: Ediouro, 1999.

DOWELL, Philip; BAILEY, Adrian. *The book of ingredients.* Londres: Dorling Kindersley Ltd, 1980.

DUCASSE, Alain. *Ducasse de A a Z.* Rio de Janeiro: Ediouro, 2005.

DUCROT, Victor Ego. *Los sabores de la historia.* Buenos Aires: Grupo Editorial Norma, 2000.

DUMAS, Alexandre. *Grande dicionário de culinária.* Rio de Janeiro: Zahar, 2006.

_____. *Memórias gastronômicas: seguido de pequena história da culinária.* Rio de Janeiro: Zahar, 2005.

EVANS, Matthew; COSSI, Gabriela; D'ONGHIA, Peter. *World food Italy.* Oakland: Lonely Planet Offices, 2000.

FELIPPE, Gil. *Frutas: sabor à primeira dentada.* São Paulo: Editora Senac São Paulo, 2005.

FERNANDES, Caloca. *Viagem gastronômica através do Brasil.* São Paulo: Editora Senac São Paulo, 2000.

FERREIRA, Aurélio Buarque de Holanda. *Novo dicionário básico da Língua Portuguesa Folha/Aurélio.* Rio de Janeiro: Editora Nova Fronteira, 1994/1995.

FISHER, M.F.K. *The art of eating.* Nova York: Vintage Books, 1976.

FLANDRIN, Jean-Louis; MONTANARI, Massimo. *História da alimentação.* São Paulo: Estação Liberdade, 1998.

FORNARI, Cláudio. *Dicionário: almanaque de comes e bebes.* Rio de Janeiro: Editora Nova Fronteira, 2001.

FRANCO, Ariovaldo. *De caçador a gourmet: uma história da gastronomia.* São Paulo: Editora Senac São Paulo, 2001.

FRANCO, Ariovaldo. *Gastronomia: uma breve história ilustrada*. Rio de Janeiro: Editora Guanabara, 1986.

FRAZÃO, Marcia. *A cozinha mágica de Marcia Frazão*. Rio de Janeiro: Prestígio Editorial, 2007.

FREEDMAN, Paul (org.). *A história do sabor*. São Paulo: Editora Senac São Paulo, 2009.

FREYRE, Gilberto. *Açúcar*. São Paulo: Companhia das Letras, 2004.

_____. *Casa-grande e senzala*. Rio de Janeiro: Maia & Smith, 1933.

FREIXA, Dolores; CHAVES, Guta. *Gastronomia no Brasil e no mundo*. Rio de Janeiro: Senac Nacional, 2009.

GEOGRAPHIC, National. *Viagens gastronômicas: 500 lugares extraordinários para comer no mundo*. São Paulo: Editora Abril, 2009.

GISSLEN, Wayne. *Professional cooking*. 5. ed. Toronto: John Wiley & Sons Inc., 2002.

GOMENSORO, Maria Lucia. *Pequeno dicionário de gastronomia*. Rio de Janeiro: Editora Objetiva, 1999.

GOTTI, Guarnaschelli Marco. *Grande enciclopedia illustrata della gastronomia*. Ostiglia: Mondadori, 2008.

HECK, Marina; BELLUZZO, Rosa. *Cozinha dos imigrantes: memórias e receitas*. São Paulo: Editora DBA Melhoramentos, 1999.

HERBST, Sharon Tyler. *The new food lover's companion: comprehensive definition's of nearly 6.000 food, drink and culinary terms*. 3. ed. Nova York: Barron's, 2001.

HOPKINS, Jerry. *Strangers foods: bush meat, bits, and butterflies: an epicurean adventure around the world*. Berkeley: Periplus Editions, 1999.

HOPLEY, Claire. *The history of Christmas food and its feasts*. Reino Unido: Remember When Pub, 2009.

HUE, Sheila Moura. *Delícias do descobrimento*. Rio de Janeiro: Zahar, 2009.

JACOBS, Jay. *The eaten word: the language of food, the food in your language*. Nova York: Birch Lane Press, 1995.

KELLY, Ian. *Carême: cozinheiro dos reis*. Rio de Janeiro: Zahar, 2007.

KLADSTRUP, Don; KLADSTRUP, Petie. *Vinho e guerra*. Rio de Janeiro: Zahar, 2002.

KLIE, Virginia. *Not just hamburgers*. São Paulo: Disal Editora, 2003.

KOVESI, Beth; SIFFERT, Carlos; CREMA, Carole; MARTINOLI, Gabriela. *400g: técnicas de cozinha*. São Paulo: Companhia Editora Nacional, 2007.

LANCELLOTTI, Silvio. *Cozinha clássica*. Porto Alegre: L&PM, 1999.

LANG, Jennifer H. *Larousse Gastronomique: the new american edition of the world's greatest culinary encyclopedia*. Nova York: Crown Publishers, 1998.

LEAL, Maria Leonor de Macedo Soares. *A história da gastronomia*. Rio de Janeiro: Editora Senac Nacional, 1998.

LIPINSKI, Robert A.; LIPINSKI, Kathie. *Complete beverage dictionary*. 2. ed. Nova York: John Wiley & Sons Inc., 1997.

LINGUANOTTO NETO, Nelusko. *Dicionário gastronômico: pimentas com suas receitas*. São Paulo: Boccato Editores, 2007.

_____. *Dicionário gastronômico: ervas e especiarias com suas receitas*. São Paulo: Boccato Editores, 2003.

LOPES, J.A. Dias. *A canja do imperador*. São Paulo: Companhia Editora Nacional, 2004.

LOPES, J.A. Dias. *A rainha que virou pizza*. São Paulo: Companhia Editora Nacional, 2007.

LUJÁN, Néstor. *Historia de la gastronomia*. Barcelona: Ediciones Folio, 1977.

MACHADO, José Antonio Pinheiro. *Histórias de cama & mesa*. Porto Alegre: L&PM, vol. 288, 2002.

____. *Na mesa ninguém envelhece*. Porto Alegre: LP&M, vol. 389, 2004.

MARIANI, John; BELL, Harriet. *The dictionary of Italian food and frink*. 1. ed. Nova York: Broadway, 1998.

MASUI, Kasuco; YAMADA, Tanoco. *Queijos franceses: guia para mais de 350 tipos de queijos de todas as regiões da França*. Rio de Janeiro: Ediouro, 1999.

MESTAYER, Maria de Achagüe. *História da gastronomia*. San Sebastián: R&B, 1996.

MONTAGNÉ, Prosper. *Larousse Gastronomique*. Nova York: Clarkson Potter/Publishers, 2001.

____. *New Larousse Gastronomique*. Londres: Hamlyn, 1983.

MORTON, Mark. *Cupboard love, a dictionary of culinary curiosities*. 2.ed. Ontário: Insomniac Press, 2004.

NEGRAES, Paula. *Guia A-Z de plantas; condimentos*. São Paulo: Bei Editora, 2003.

NEPOMUCENO, Rosa. *Viagem ao fabuloso mundo das especiarias*. Rio de Janeiro: José Olympio Editora, 2003.

OLNEY, Richard. *Provence: the beautiful cookbook*. 2. ed. Nova York: Harpers Collins Publishers, 1998.

PANIZZA, Sylvio; FILHO, Sylvio Panizza. *Plantas na cozinha*. Rio de Janeiro: Prestígio Editorial, 2006.

PELT, Jean-Marie. *Especiarias e ervas aromáticas, história, botânica e culinária*. Rio de Janeiro: Zahar, 2004.

PITTE, Jean Robert. *A gastronomia francesa: história e geografia de uma paixão*. Porto Alegre: L&PM, 1993.

REVEL, Jean-François. *Um banquete de palavras*. São Paulo: Companhia das Letras, 1996.

REYNIÈRE, Alexandre Balthazar Laurent Grimod de La. *Manual dos anfitriões*. 1. ed. São Paulo: Editora DeGustar, 2005.

RIBEIRO, Maria de Lourdes Borges. *Na trilha da Independência: história e folclore brasileiro*. Rio de Janeiro: MEC, 1972.

RITCHIE, Carson I.A. *Comida e civilização: como a História foi influenciada pelos gostos humanos*. Assírio & Alvim: Lisboa, 1995.

RODRIGUES, Rejane. *Paladar brasileiro*. São Paulo: Antonio Bellini Editora e Cultura, 2007.

SAFFRON, Inga. *Caviar, a estranha história e o futuro incerto da iguaria mais cobiçada do mundo*. 1. ed. Rio de Janeiro: Editora Intrínseca, 2004.

SANTOS, Suzamara. *Pequeno livro de destilados: guia para toda hora*. Campinas: Verus Editora, 2007.

SCHOTT, Bem. *A miscelânea da boa mesa*. Rio de Janeiro: Editora Intrínseca, 2006.

SILVA, Silvestre. *Frutas Brasil frutas*. Barueri: Círculo, 1999.

SINCLAIR, H.M. *Encyclopedia of food and nutrition*. Oxford: Pergamon Presse, 1969.

SOKOLOV, Raymond. *Why we eat what we eat: how Columbus changed the way the world eats*. Nova York: Touchstone, 1993.

SPANG, Rebeca. *A invenção do restaurante*. Rio de Janeiro: Editora Record, 2007.

STEINGARTEIN, Jeffrey. *Deve ter sido alguma coisa que eu comi*. São Paulo: Companhia das Letras, 2004.

STRONG, Roy. *Banquete: uma história ilustrada da culinária, dos costumes e da fartura à mesa*. Rio de Janeiro: Zahar, 2004.

TANNAHILL, Reay. *Food in History*. Nova York: Stein and Day Publishers, 1973.

THIS, Hervé. *Um cozinheiro na cozinha*. São Paulo: Ática, 1996.

TRAGER, James. *The food chronology: a food lover's compendium of events and anedoctes, from prehistory to the present*. Nova York: Henry Holt Co., 1995.

VINCI, Leonardo da. *Os cadernos de cozinha de Leonardo da Vinci (Codex Romanoff)*. 3. ed. Rio de Janeiro: Editora Record, 2005.

WARD, Susie; CLIFTON, Claire; STACEY, Jenny; DONOVAN, Mary. *The gourmet atlas: the history, origin and migration of foods of the world*. Nova York: John William & Sons, Inc., 1997.

WOLKE, Robert L. *O que Einstein disse ao seu cozinheiro*. Rio de Janeiro: Zahar, vol.1, 2003.

WRIGHT, Jenny Cart. *Le Cordon Bleu: todas as técnicas culinárias*. São Paulo: Editora Marco Zero, 1997.

Índice remissivo

10 Thousand BC 51
420 Volcanic 51

A

A embriaguez de Noé 66
A fisiologia do gosto 138
A Província de São Paulo 294
abacate 172, 266
abacaxi 173, 282
abará 35, 111
aboyeur 302
abricó 175
absinto 50, 51, 65, 66

Abu Abdallàh Muhammad ibn Idrìs 12, 202
açafrão 66, 104, 105, 157, 158, 162, 211, 226
açaí 173, 174
acarajé 35, 111
aceto balsamico tradizionale di Modena 320, 322
aceto balsamico di Modena 322
açúcar 23, 57, 61, 63, 64, 94, 110, 112, 115, 129, 137, 143, 172, 174, 192, 222, 223, 240, 276, 279, 280, 284, 285, 286, 287, 288, 289, 291, 293, 294, 295, 296

Adalgisa, filha de Toni 243, 244
adega do La Tour d'Argent 67
Adolphe Dugléré 42, 103
afogado 114
Afonso de Castela, rei 159
Afonso XIII 276
agale 307
água mineral 44,51
aguardente 50, 53, 54, 65, 68, 105, 132
agulhinha 126
aipim 115, 190
Alain Ducasse 302
Alain St. Georges 92
Alan Davidson 100
Alarico, rei 167
Albert Szent-György 167
Alberto I 276
Alberto Santos Dumont 76
alcachofra 184, 217
alecrim 158
Aleksander Suvarov 23
Alex, garçom 240
Alexandre de Farnésio, duque de
    Parma, Piacenza e Guastella 285
Alexandre Dumas 41, 179, 252, 308, 315
Alexandre I, czar 277, 300
Alexandre II, czar 42, 58, 258
Alexandre III 42
Alexandre le Grand 56
Alexandre Magno 124, 177, 293
Alexandre, o Grande 142, 164
Alexander Walewski, conde 92
alface 184, 185, 191, 266, 267

alfavaca 158
alfavaca–cheirosa 158
alfavacão 158
Alfred Delvau 135
Alfred Prunier 90
Alfred-Armand-Louis-Marie
    Velpeau 87
alho 94, 103, 111, 112, 113, 114, 115,
    134, 151, 159, 160, 214, 218, 220,
    221, 223, 266, 267, 304, 306
Ali Babá 273
Almanach de gourmands 135
Almas Golden Caviar 250
Alphonso XIII 27
Amalia Nani Mocenigo, condessa 89
amora 177, 321
Ana da Áustria 46, 279
Ana Henriqueta (filha de Luís XV) 253
Anatole France 133
ancienne, à la, (mostarda) 143
Andoche Junot, general 253
Andre Le Notre 46
Andre (Terrail) 67
aneto 163
angu com quiabo 114
anis 161, 163, 279
Anna Deslions 103
Anna Pavlova 289
Anna, duquesa de Bedford 79
Anne Francoise Hyppolyte
    Boutet (Mademoiselle Mars) 308
Annette Alajoinine Diat 109
Antigo Testamento 176, 197

Índice remissivo

Antoine Augustin Parmentier 186
Antoine Beauvilliers 138
Antoine de Courtin 307
Antoine Furetière 312
Antoine Girod 97
Anton Feuchtwanger 242
Antonin Carême 42, 220, 309
Antonio Benedetto Carpano 66
Antonio Boccini Jr. (Quico) 240
Antonio Viviani 204
Anya Hindmarch 81
Apicius 93, 100
Aquavit 54, 55
araçá-boi 174
arborio (arroz) 125
Ariovaldo Franco 75, 186
Aristóteles 164
armoricaine 90, 214, 215
Arnold Schwarzenegger 52
arroz 46, 86, 88, 96, 97, 98, 99, 100, 101, 105, 106, 107, 111, 112, 113, 114, 115, 119, 124, 125, 126, 127, 134, 145, 166, 167, 193, 226, 272, 273, 288
arroz basmati 46
arroz de Braga 86
arroz de carreteiro 86, 115
arroz de cuxá 111
arroz de hauçá 111
arroz de leite 272
arroz de pato 86
arroz de pequi 113
arroz de puta rica 113
arroz de suã 114

arroz Maria Isabel 86, 113
arroz-doce 125, 272
Arthêmia, vovó 243
Arthur Wellesley 91
As mil e uma noites 273
Átila, rei 167
Auguste Escoffier 289, 291, 302
Auguste Julien 292
Augusto, imperador 151
Auro Vitélio, imperador 253
aves 96, 127, 145, 159, 161, 218, 267, 301
aves recheadas 208
avestruz 22, 40
azeite 33, 34, 35, 94, 98, 99, 103, 115, 137, 185, 193, 218, 220, 221, 266
azeite de dendê 35, 98, 111, 112, 113
azeite de flor 35
azeite de oliva 33, 34, 214
azeite de oliva virgem 34
azeite de oliva virgem lampante 34
azeite extravirgem 34
azeite refinado 34

B

baba ao rum 273
Baby Pignatarari 120
bacalhau 44, 45, 46, 114, 158, 215, 233, 248, 249
bacalhau à Gomes de Sá 114
bacalhau da Amazônia 111
Baco, deus 40, 204
bacuri 135, 174

335

bagel 238
baguete 238, 239
baiacu 251
baião de dois 111
baile da Ilha Fiscal 43
banho-maria 208
banquete(s) 28, 40, 41, 47, 87, 175, 177, 185, 250, 284, 289, 291, 296, 304, 315
banquete de coroação de Clemente VI 41
banquete de Trimálquio 39
banquete seguido de baile à fantasia 41
barbecue 209
barreado 115
Bartolomeu Dias 167
Bartolomeo Riva 261
Bartolomeo Scappi 260
basilicão 158
basmati 46, 125, 127
batatas 45, 87, 98, 102, 114, 185, 186, 187, 267
batatas soufflées 87
bauru 239, 240
béarnaise 92, 215, 217
Beaverbrook, Lord 250
Beatriz d'Este 275
béchamel 97, 105, 215
beirute 240
Bellanger, monsieur 43
bellini 55
belu 51
beluga 250
Bénédictine 55, 56
Benedicto III, papa 233

Benjamin Franklin 28, 133
bercy 97
berinjela 187
Bernardino Branca 62
Bianca Maria 296
Bíblia 186, 188
bife à milanesa 87
bijajica 115
bilimbi 174
biscoitinhos da sorte 273
bisque 87, 88
bistrot 132
blended 71
bleu 258
bling H_2O 51
Bloody Mary 56
Bob Cobb 266
bobó de camarão 35, 111
Boccasile 57
boi atascado 115
bolo de casamento 274, 275
bolognese 221
bomba (arroz) 125
bordeaux, de, (mostarda) 143
Borissovitch Kourakine, príncipe 300
bo-sushi 106
boucher 302
bouef tartare 107
bouillabaisse 88, 158
boulanger (Mathurin Roze de Chantoiseau) 137, 138
Brás Cubas 180
Brazilian Santos 76

Breno Lerner 95, 107, 241
brie 259
brigada de cozinha 300
brigadeiro 275
Brillat-Savarin 94, 138, 253, 292
brioche 23, 103, 240, 241
brownie 276
buchada 112
buré 113
Burgundy, duque de 142

C

cabeçudo 110
cachaça 53, 54
cachorro-quente 18, 241
cadernos de cozinha de Leonardo da Vinci, Os 322
Caesar Cardini 266
caesar salad 266
café 18, 26, 56, 62, 63, 75, 76, 77, 78, 132, 133, 137, 295, 304, 313
café instantâneo 77
Café Le Procope 132
Caio Cânio, cônsul 24
calda de açúcar 143
calda em ponto de bala dura 211
calda em ponto de bala mole 210
calda em ponto de caramelo 211
calda em ponto de fio forte 210
calda em ponto de pasta ou espelho 210
caldeirada de jaraqui 109
Calígula 40

Caloca Fernandes 35, 91, 223
Cam, pai de Canaã 66
Câmara Cascudo 53, 88, 91, 129, 237, 285, 288
camembert 259, 260
Cameron Diaz 52
Camillo Negroni 64
Campari 57
camu-camu 174
Canard à la presse 27
Cândido Rondon, marechal 89
canela 85, 112, 160, 162, 273, 279, 291, 296
canela-da-China 161
canela-da-Pérsia 161
canela-do-Ceilão 160
caneton tour d'argent 27
canistel 175
canja de galinha 88
canjica 112
capiau 112
capitari 110
capote ao molho 112
cappuccino 78
caqui 175
caranguejo 107, 254
cardápios 44, 85, 110
cardinal 64
Carla Saueressig 80
Carlo Emanuele I di Savoia, duque 286
Carlos Drummond de Andrade 282
Carlos I 294
Carlos II 78, 293

Carlos IV 26
Carlos V 23, 27, 101, 177
Carlos VI 262
Carlos IX 297
Carlos Magno 163, 188, 261, 304
Carlos, cozinheiro 239
Carmen Miranda 134
carnaroli (arroz) 125
carne de sol 112, 113, 118
carne de vento 118
carne do ceará 118
carne do sertão 118
carne-seca 86, 111, 112, 113, 114, 118
carolina (arroz) 125
carolina (doces) 276
Caroline Otéro (Sereia do Suicídio) 276
Caroline Tatin 295
carpaccio 89
caruru 35, 112
Casanova 96, 204, 253, 280
Casimiro Pinto Neto (bauru) 239
Casparus van Houten 279
casquinhas 277
cássia 160, 161
castanhas 45, 53, 84, 152, 187, 188, 280, 286, 289
castanha portuguesa 45, 187
Castlereagh, visconde de 259
Catão, general 277
Catarina de Aragão 56
Catarina de Bragança 78, 284
Catarina de Médici 28, 184, 216, 274, 284, 293, 314

Catarina II 70, 214
cateto 126
catupiry 260
caviar 70, 102, 144, 249, 250, 251, 267
caviar branco 250
cebola 94, 95, 98, 111, 112, 115, 135, 159, 160, 188, 189, 214, 215, 218, 221, 228, 267
ceia de Natal 44
ceia de Natal do restaurante Voisin 43
cerefólio 97, 161, 164
cerveja 44, 57, 58, 119, 166, 236, 291
chá 17, 70, 75, 78, 79, 80, 134, 161, 163, 175, 304
chá com leite 79
champanhe 41, 44, 58, 64, 96, 97, 135, 316
champagne Cristal 59
champagne Pol Roger 59
champagne Roederer 58
chantili 273, 277, 287, 288, 290, 291, 292, 294, 297
Charlie Chaplin 27, 250
Charles de Lévis, duque de Lévis-Mirepoix 228
Charles de Lorraine, duque de Mayenne 220
Charles de Rohan, marechal 105, 152
Charles Grey, conde 79
Charles-Jean Bonvoust, padre 259
Charles Le Brun 46
charlotte (doces) 277
Charlotte, rainha 277
charque 86, 112, 115, 118

chartreuse 60

Château Lafite 42, 67

Château Latour 42

château vaux de vicomte 47

chaud-froid 216

cheesesburguer 96

cheesecake 277, 278

chef 42, 88, 90, 92, 94, 97, 103, 105, 109, 152, 214, 215, 216, 218, 220, 232, 238, 277, 280, 281, 289, 301, 302, 309

chef-de-cuisine 300

chef-patron 300

chefs-de-partie 301

chirashi-sushi 106

chocolate 12, 45, 77, 79, 81, 94, 96, 108, 134, 137, 137, 275, 278, 279, 280, 281, 284, 291, 294, 296

chop suey 89

choron 217

Churchill, lady 64

chuva de arroz 127

cinamomo 160

Civet, traiteur 41

Clarence Saunders 139

Claude d'Orvilles, madame 76

Claude Gellée 227

Claude Joly 64

Claude Terrail 67

Claude Troisgros 192/193

Clemente VI, papa 41

Clemente VIII, papa (Pierre Roger de Benfort) 75

Cleópatra 157, 176, 198

Cloud Juice 51

coalhada 166, 196, 260, 261

cobb salad 266

coca-cola 59

cod (bacalhau) 248

Codex Romanoff 304, 315

coentro 98, 161, 162

colbert 217

Collinet, chef 87, 215

communard 64

commis-entremetier 301

commis-garde-manger 301

commis-pâtissier 301

commis-poissonnier 301

commis-rôtisseur 301

commis-saucier 302

concentrato (extrato) 192

Condé, príncipe de 277

condimento balsâmico 320, 321

Confeitaria Colombo 134

confit 209

confit de canard 209

confit d'oie 209

confrarias 135

Conrad Egli 94

conservas 162, 169, 210, 267

Constant, chef 105

Constantino X, imperador 313

cookies 280

coq au vin 90

Coquelin, pâtissier 276

Coquilles de Saint-Jacques 251

Cordon Bleu 303
Cosimo III de Médici, grão-duque
de Toscana 295
Couto de Magalhães 189
couvert 304
coxinha de galinha 25
Cozinha brasileira, com recheio de história 98
cozinha do arco-da-velha 89
cozinha molecular 304
cozinheiro imperial, O 286
cratino 93
cravo 66, 112, 223
cravo-da-índia 162
crème brûlée 280
crêpe Suzette 280
crevettes à la Newburg 90
Cristo 45
Cristóvão Colombo 84, 127, 173, 278
croissant 242, 243
cuba libre 60
cuia de tacacá 110
curnonsky 23
curry 44, 46, 162
cuscuz paulista 114
Cussy, marquês de 25, 287

D

D. João IV 78
D. João V 249
D. João VI 23, 125
D. José I 25
D. Manuel 24

D. Pedro II 43, 88, 282
D. Sebastião 285
daiquiri 61
D'Alembert 133
damasco 109, 137, 175, 291, 292
Daniel Peter 279
Daniel, primogênito de Isaac Carasso
197
Danton 133
Dario III, general 142
D'Artagnan 47
De Re Coquinaria 100
Degas 50
Delmonico 90
DeMirco, pâtissier 294
dendê 34, 35
dendê de flor 35
Denis Dunand 103
Deodoro da Fonseca, marechal 44
Destouches 133
deroche fallas 294
d'Eu, conde 25, 43
Deus 56, 66, 75, 198, 313
dia da batata 187
Diamante Negro 281
Diane de Poitiers 316
Diário de Pernambuco 91
Dias Lopes 41
Dictionaire Universel 312
Dictionaire de Trévoux 306
*Dictionnaire de l'Académie des
Gastronomes* 97
Diderot 133

Índice remissivo

dijon, de (mostarda) 143
dill 163
Diogo Luís de Oliveira (conde de Miranda) 177
doce de leite 281, 282
doces 43, 45, 47, 80, 96, 145, 161, 162, 163, 164, 174, 176, 179, 189, 210, 211, 226, 228, 272, 273, 282, 283, 284, 286, 289, 295
doces portugueses 283, 287
Dom Bernardo Vincelli, monge 55
Dom Henrique, infante 69
Dom Pierre Pérignon 58
Domenico Romoli 161
Domiciano, imperador 252
Don Kladstrup 67
Dona Lídia, mãe de Vinicius de Moraes 288
Dona Luísa de Gusmão 78
Dona Maria, princesa 285
dry martíni 61, 62
Du Barry, madame 280, 317
dudovich 57
durião 176
duxelles 217
d'Uxelles, marquês 217

E

E.A. Hamvi 276
Earl Grey Tea 79
Edmund McIlhenny 221
Edoward Demel 292

Eduardo Gomes, brigadeiro 275
Eduardo III 102
Eduardo VII 27, 276, 280
Edward IV 69
Edward Vernon (old grog) 63
Elisa Donel 132
Elizabeth, imperatriz (Sissi) 284
Elizabeth, princesa 27
Elizabeth Hurley 81
Elizabeth I 185
Elizabeth II 134, 245
Elsenham 52
Émile Prunier 90
empadão goiano 113
endro 163
Ennio Federico 55
entremetier 301
equa 52
Ernest Hemingway 60, 61, 65
erva do tomate 166
erva-doce 34, 162, 163
erva-real 158
ervas 38, 39, 55, 56, 60, 62, 63, 101, 143, 144, 150, 156, 163, 168, 209, 220, 237, 322
escabeche 218
espanhol, molho 218
especiarias 23, 45, 46, 54, 56, 59, 60, 62, 65, 157, 166, 167, 218, 228, 267, 278, 291
espinhaço de ovelha 115
estragão 97, 143, 161, 163, 164, 215, 220
etiqueta à mesa 304, 305

Eugène Cornuché 295

Eurico Gaspar Dutra, marechal 275

faca 104, 303, 304, 305, 312, 315

faca de desossar 312

faca de filetar 313

faca de legumes 313

faca do chef 312

faca serrilhada 313

faisão 22, 23, 306

Farnese, cozinheiro 221

Federico Fellini 57

feijão 113, 189

feijão-tropeiro 114

feijoada 90, 91

feijoada carioca 91, 114

Felipe de Orleans, rei 305

Felipe IV 218, 296

Fernand "Pete" Petiot 56

Fernando II de Bourbon 314

Fernando, o católico, rei 120

Fernão de Cardim, padre 98

Fernet 62

Fernet Branca 62

figos 39, 93, 176

fiji 52

filé chateaubriand 92

filet à la wellington 91

filet de poisson Waleska 92

filtro de café 18, 313

Fletcher "Old Dave" Davis 95

flor de dendê 35

flor de sal 144, 145

flor de sal de Guérande 144

flores 39, 40, 57, 80, 156, 157, 163, 169, 175, 178, 186, 190, 226, 293, 300

floresta negra 283

foie gras 23, 41, 42, 45, 92, 93, 109, 145, 204, 209

fondue 94

Forbes Traveler 108

Fosco Scarcelli 65

Francesco Leonardi 214

Francesco Procopio dei Coltelli 132

Francesco Tarallo 102

Francis Drake 61, 185, 186

Francisca (Chica) (doces) 290

Francisco da Fonseca Henriques (dr. Mirandela) 249

Francisco de Melo Palheta, sargento- -mor 76

Francisco I 101, 196

Francisco José de Goya y Lucientes 138

Francisco José I, imperador 284

Francisco Pizarro 186

Francisco Sforza 296

Franciscus Sylvius, dr. (Franz de La Boe) 63

François Mitterrand 26

François Pierre La Varenne 88, 215, 217

François Vatel 46, 277

François-René-Auguste de Chateaubriand, visconde 92

frango caipira 23

Índice remissivo

frango capão 24
frango de granja 23
Frank Epperson 289
Frank Tujague 238
Franklin Roosevelt 62
Franz Neugebauer 279
Franz Sacher 292
Frédéric Delair 27
Fritz Gerhardt 280
fruta do dragão 175
fruta-do-conde 177
fruta-ovo 175
frutas 44, 45, 47, 53, 74, 80, 94, 98, 106, 143, 156, 172, 175, 211, 226, 228, 237, 244, 273, 274, 277, 283, 288, 292, 293, 296, 297, 306, 308, 313
fugu 251
funcho 156, 163, 164

G

galanga 164
galeno 66, 187
galinha 24, 25, 35, 46, 88, 89, 94, 112, 233, 285
galinha ao molho pardo 112, 288
galinha de cabidela 112
garde-manger 301
garfo 210, 303, 307, 313, 314
garrafa térmica 315
garum 218, 219
Gaspare Campari 57
Gasparini, confeiteiro 287

gazpacho 94, 95
geleia 79, 81, 137, 238, 284, 291, 292
gema de ovo 175
Gênesis 65
Genghis Khan, imperador 273
Gennaro Spadaccini 314
George III 277
George-Auguste Escoffier 267
George Sand 133
George Simenon 90
George Washington 101
George, duque de Clarence 69
Getulio Vargas 134, 275
Giacometto degli Atellani 243
Giacomo Pagliuchi 61
Gilberto Freyre 282
gim 61, 62, 169
Gioacchino Rossini 42, 109, 193, 204
Giovanni Bellini 55
Giuseppe Cipriani 55, 89
glaciana 52
glutão 193, 306
godó 112
goiabada com queijo 284
goulach 95
gourmand 306
gourmet 105, 152, 203, 259, 306
Grace, 27
Grande dicionário de culinária 252
Grande enciclopedia illustrata della gastronomia 309
grain whisky 71
grãos 45, 46, 77, 78, 125, 145, 161, 163,

164, 168, 236, 278

grãos sagrados 124

grillardin 302

Grimond de la Reynière 135, 210, 285

grog 61, 63

guardanapo 26, 58, 303, 307, 315

guariroba 113

Guia de boas maneiras 307

Guia de gastronomia 135

Guilherme I 42

Guilherme II 276

Guilherme IV, duque 57

Guilherme Tell 104

Guillaume Tirel (chef Taillevent) 232

Guimarães Rosa 282

Guinness book of records 294

gulyás 95

Gustavo III 75

H

Hadenberg, da Prússia, príncipe 259

hambúrguer 95, 136

"Hamburguer" Charlie Nagreen de Seymour 95

Harry Mosley Stevens 241

Helena de Troia 316

Heliogábalo (Varius Avitus Bassianus, imperador) 40

Henri IV 26

Henri Charpentier 281

Henri Nestlé 279

Henrique II 216, 220, 274, 294, 316

Henrique III 303, 314, 315

Henrique IV 215

Henrique VIII 38, 56, 309

Henrique Carneiro 38

Henry John Heinz 219

Herbert Sachse 288

Hércules 189

Hermann Göring 67

Hernán Cortez 27, 278

Herodes, rei 169

Heródoto 188

Hervé This 304

Hipócrates 66, 159, 163, 198

Hippolyte Mergé–Mouriés 227

Hiro Hito, imperador 27

História da alimentação no Brasil 91

Hitler 67

Hohenstein 57

holandês (molhos) 215, 219, 233

Honoré de Balzac 133, 287

Horatio Nelson, almirante (Lord Nelson) 68

hortelã 61, 156, 164

hortulana 26

I

Iaiá com Ioiô 114

iguarias 35, 43, 85, 96, 97

Il Libro di Ruggero 202

Ilia Metchnikoff 197

imperial (bacalhau) 248

Imperial Torte 284, 285

inari-sushi 106
infusões 80
Inga Saffron 250
integral (arroz) 126
invenção do restaurante, A 137
iogurte 196, 197
Irish Coffee 63, 64
Isaac Carasso 197
Isabel Carlota do Palatinado, princesa 305
Isabel da Hungria, rainha 158
Isabel, princesa 25, 43
Isabella Colbran 193
Isaíra Silvestrini 260
Ivan Alves Filho 98

jabá 118
Jack Daniel's 71
Jacques Offenbach 290
Jacques Pons 179
Jacu Bird Coffee 78
Jafet (irmão de Cam) 66
jambalaya 97
James Dewar 314
James Keiller 283
jamón 107
jamón serrano 150
Jânio Quadros 151
Jantar dos três imperadores 42
japonês (arroz) 126
Jasper Newton "Jack" Daniel 71

java (arroz) 126
javali 26, 40, 143, 286
Jean Audiger 217
Jean Botín 138
Jean Julienne 307
Jean Rouget 287
Jean-Baptiste Reboul 88
Jean-Baptiste Colbert 217
Jean-Jacques Rousseau 133
Jennings Cox 61
Jeremith Colman 143
Jerry Hopkins 85
Jesus Cristo 161, 163
Joana (filha do rei Fernando, o Católico) 120
João da Maia da Gama 76
João Paulo II, papa 78
João, apóstolo 38
Joaquim Borges de Meirelles 134
Joe Sheridan 63
John Eduard Montagne, conde de Sandwich 244
John Kennedy 27, 276
John Rockefeller 61
Jorge Amado 282
José Briz 95
José de Anchieta, padre 284
José Lins do Rêgo 134
José Maria da Silva Paranhos (Barão do Rio Branco) 134
Joseph Stalin 250
Josef Keller, pâtissier 283
Joseph Suey 89

345

Joseph Voiron 221
Juan Galo de Lavalle 281
Juan Manuel de Rosas 281
Judas, apóstolo 178
Julien 292
julienne 307
Julienne (cozinheira) 308
Júlio César 89, 157
Júlio II, papa 66
Júpiter, deus 168, 252
juruá-açu 110
Juscelino Kubitscheck 282

K

Kala Namak 145
kaldi 74
kansi sushi 106
kará mustafá 242
Kennedy 276
ketchup 219, 220
kha 164
kir 64
kir royal 64
Kir, cônego 64
Klemens Wenzel Lothar Metternich,
    príncipe 292
Knödel 97
Kopi Luwak 77
Krishna, deus 165
kuroge wagyu 118

L

L'art du cuisinier 138
L'école des ragoûts 217
La Chapelle 218
La cuisine provençale 88
La doctrine singulière 162
La Fontaine 133
Lancelot de Casteau 143
lanchonete 96, 136
Langouste à Thermidor 97
Larousse Gastronomique 97, 105, 208
L'aspicio 214
Le confiturer François 217
Lecticia Cavalcanti 261
Le cuisinier François 88, 215, 216, 217
Le cuisinier royal 308
Le Grand Benedict 232, 233
Le patissier François 217
Les plaisirs de Paris 135
Le tresor de Santé 168
legislação sobre banquetes 38
legítimo (bacalhau) 248
legumier 302
leite 23, 76, 78, 79, 100, 104, 114, 121,
    129, 138, 152, 166, 175, 196, 197,
    198, 199, 216, 227, 243, 258, 259,
    260, 261, 262, 279, 280, 281, 282,
    283, 285, 286, 294, 317
leite morno 199
Leonardo da Vinci 275, 304, 315
Leônidas da Silva (Diamante Negro)
    281

Leopoldo I 243
Leopoldo II 276
Leroy, cozinheiro 219, 220
Li maccheroni di napoli 204
Lílian Goligorsky 282
ling (bacalhau) 249
linguado 92, 134, 135, 252
linguiça de maracaju 113
l'Itinéraire de Paris à Jerusalém 92
longan 175
Lorenzo Fallas 294
Louis Béchamel, marquês de Nointel 215
Louis Dapples 76
Louis Diat 109
Louis Le Van 46
Louis Phillipe I 87, 41
Lucien Olivier 267
Ludovico Sforza 243, 275
Luís de Grã, padre 98
Luís IX 273
Luís XIII 279, 312
Luís XIV 46, 47, 88, 132, 168, 173, 215, 217, 218, 277, 286, 305, 307
Luís XV 67, 214, 228, 253, 273, 280, 308, 316
Luís XVI 186, 243, 317
Luís XVIII 25
Luísa Isabel (filha de Luís XV) 253
Luxemburgo, marechal 216
luxury pizza 102

M

Ma cuisine 268
mabolo 175
macarrão 100, 202, 203, 204
maccheroni 203
maçãs 41, 177, 268, 272, 295
macaxeira 112, 190
macis 162, 166
Madame du Barry 316
madeleine (doces) 80, 285
Madeleine Paulmier 285
Madonna 52
Magnon, cozinheiro 220
Magret, sra. 90
Mahalo Deep Sea Water 52
maignain 50
maionese 18, 89, 94, 164, 219, 267, 268
maki sushi 106
Malcolm Marsh 185
malequizado (arroz) 126
mandioca 111, 112, 114, 115, 174, 189, 190, 223, 237, 243, 283
maneco com jaleco 115
manga 108, 172, 177, 198
mangostão 177, 178
Manhattan 64
mani 189
maniçoba 110
manjar branco 285, 286
manjericão 102, 156, 158, 165, 166
manjericão-dos-jardins 158
Manoel José Lebrão 134

347

Mantalivet, conde 210
Manuel Joaquim Machado Rebelo, clérigo 291
mão de vaca 112
Maomé, profeta 179
mapati 174
maracujá 156, 178, 288
Marat 133
Marcel Chiboust 292
Marcel Magny 109
Marcel Proust 285
Marco Antônio 157
Marco d'Aviano, frade 78
Marco Polo 202, 293
Marcus Sandys, sir 223
Margareth Sanders 64
margarina 227
Margherita di Savoia, rainha 102
marguerita 64
Maria Antonieta, rainha 95, 186, 241, 243, 317
Maria I 56
Maria Lesczynski, condessa 253
Maria Teresa d'Áustria, infanta 218
Maria Walewski 92
Maria (alquimista) 208
Maria (nora de Bernardino Branca) 62
Maria Amália, rainha 87
Marie Harel 259
Marilyn Monroe (Norma Jean Baker) 184
Mário Monicelli 151
Mário Silvestrini 260

marrom glacê 286
Marte, deus 204
Martim Afonso de Souza 180
Martini di Arma Tiggia 61
marzipã 286, 296
massa folhada 92, 227, 228
matamatá 110
Mathurin Roze de Chantoiseau (Boulanger) 137
matula goiana 113
Max Morgenthaler 77
Max Neugebauer 279
Mazarino, cardeal 46
Meaux, de (mostarda) 143
melancia 34, 172, 178
melão 179
Melitta Benz 313
Memórias 97
Memórias gastronômicas 252
Menino Jesus 45, 169
menus 308
merengue 287, 288, 297
meringue 287
Metternich, príncipe 258
Michael Cullen 139
Michel Julien 292
Michelangelo 66, 272
Mick Jagger 27
Mikhail Gorbachev 27
milho 23, 51, 71, 93, 112, 113, 124, 127, 128, 129, 189, 236, 237
Mille-feuilles 287
Milon de Crotona 306

Min, deus 184
Minthe, ninfa 165
mirepoix 218, 228
mocotó 110, 119, 120
modos de preparo 237
Moisés, profeta 198, 208
mojito 61
molhos 88, 89, 94, 145, 158, 159, 161, 164, 165, 166, 168, 174, 214, 215, 218, 219, 223, 301, 302
Molière 47, 133, 261
Monte Testaccio 18, 34
Montezuma, imperador 23, 278, 280
moqueca 98
moqueca capixaba 98, 115, 145
morangos com chantili 287
mornay 92, 97, 221
Mornay (filho de Joseph Voiron) 221
mortadela 150, 151
Morton Stanley, sir 163
mostarda 89, 97, 105, 142, 143, 162, 193, 241, 266, 267
mostarda di cremona 143
mostarda em pó 143, 220
Mosteiro de São Bento 136
mozarela 102, 261
mujanguê 110
munguzá 112
munguzá de colher 112
mushi-sushi 106

N

Nabucodonosor II 57
Napoleão Bonaparte 25, 68, 91, 92, 103, 133, 210, 244, 253, 261, 287
Napoleão III 226, 259
Natália, cozinheira 281, 282
navarin 98
negroni 57, 65
Neil Kraft 53
Nellie Melba (Helen Porter Mitchell) 289
Nero, imperador 40, 157, 198, 293
New York Journal 241
Nicholas Kurti 304
Nicolas Fouquet 46, 277
Nicolas François Appert 210
Nicolau II 276
Nicole Kidman 52
ninho de andorinha 98
Nino Salimaj 102
Nizzoli 57
nocello 65
Noé 66
Nouveau traité de la civilité 307
noz-moscada 66, 166, 167, 216, 217
Nuzhat Al-mushtàq 202

ogo 53
Olavo Bilac 134
olhos de dragão 175

omelete 22, 70, 85, 232

Opera dell'arte del cucinare 261

Ora-ito 53

Orlando Duque 135

Orleáns, duque 289

Oscar Tschirsky 268

Oscar Wilde 133

oshi-sushi 107

ossetrova 250

ostras 12, 43, 96, 252, 253, 308

Oswald Mellet 232

Otto von Bismarck 42

Ouro Preto, visconde 43

ovos 28, 40, 41, 43, 100, 103, 104, 110, 111, 113, 114, 115, 129, 159, 168, 169, 211, 216, 217, 266, 287, 288, 291, 294, 301, 308

ovos Benedict 232

ovos beneditinos 233

Ovos da Dinastia Ming 233

ovos dos mil anos 233

P

paella 45, 99, 100, 157

Palas Atena, deusa 32

palmito 113, 114, 174, 189, 190

pamonha goiana 113

pamonhada 110

pandeló 287

panetone 45, 243

panquecas 100

pão 38, 39, 45, 46, 94, 95, 96, 101, 104, 107, 113, 137, 187, 236, 237, 238, 239, 240, 241, 242, 243, 244, 245, 274, 286, 304, 306, 307, 308, 313, 315

pão-de-ló 287

pão de queijo 243

papos de anjo 288

páprica 95, 105, 162, 167

parboilizado (arroz) 126

parmigiano-reggiano 261

passaporte do gourmet, O 132

passata 192

pata negra 150

pâtissier 273, 276, 283, 287, 294, 301

patna (arroz) 126

pato 27, 86, 93, 99, 111, 209

pato no tucupi 111, 223

Paul Chevreuil 109

Paul Verlaine 51, 133

Paulo III, papa 221, 260

pavesa 101

pavlova 288

pé de moleque 289

pêche melba 289

Pedro Álvares Cabral 24, 189

Pedro, apóstolo 38, 178

Pedro, o Grande, czar 105

peixe na telha 114

peixes 43, 45, 96, 98, 99, 106, 108, 113, 127, 143, 145, 161, 163, 166, 167, 168, 174, 216, 217, 218, 223, 248, 301, 308

Père Marchette, padre 188

Pero Vaz de Caminha 24
Perséfone, deusa 165
peru 22, 27, 28, 44, 45
Peter Durand 210
Petie Kladstrup 67
Petrônio 39
Philadelfia pepper pot 101
Philippe d'Orleans 26
Philippe de Mornay, duque 216
Philippe de Valois, rei 103
picanha 120
Picasso 50
picolé 289, 290
Pierre Choron, chef 216
Pierre de Montmireil 92
Pierre Fraisse (Peters) 214
Pierre Ordinaire 50
Pierre Poivre 162
Pietro Verri 87
pimenta-preta 84
pimentas-verdes 97
pimenta-do-reino 110, 111, 114, 162, 167
pimenta rosa 168
pinga 54
pinha 177
Pio V, papa 260
pirarucu de casaca 111
Piron 133
Pitágoras 306
pitaia 175
pitiú 110
pizza 46, 101, 102

pizza margherita 102
Plínio, o Velho 151, 158
Plutão, Deus 165
poire belle hélène 290
Poissonnier 301
polido (arroz) 126
polpa 113, 135, 173, 174, 175, 178, 179, 189, 192, 293
Pombal, Marquês de 24, 68
Pommes Anna 102
pomodori pelati 192
Pompadour, Madame de 67, 308, 316
Pompeia (esposa de Nero) 198
pontos de calda 210
Ponzio Bastione 203
porto (bacalhau) 248
Poseidon, deus 32
potage crécy 103
potager 302
poulet sauté Marengo 103
preparo 23, 25, 26, 35, 88, 92, 100, 112, 125, 151, 157, 161, 162, 163, 168, 174, 209, 211, 221, 223, 237, 240, 267, 281, 283, 287, 296
presunto 43, 97, 107, 108, 150, 151, 152, 162, 228, 233, 306
prêt-à-portea 80, 81
preto (arroz) 126
pretzel 291
prosciutto di Parma 152
Prosper Montagné 220
Provérbios, Sagrada Escritura 160
pudim à abade de priscos 291

pumpernickel 244

pupunha 114, 190

puro malt 71

putanesca 221

Q

Quetzalcoatl, deus 127, 278

quibebe 112, 190

quiche Lorraine 104

quioiô 158

R

Racine 133

raclette 104

Raffaele Esposito (Naso'e Cane) 102

ragù 221

Ramsés II 236

Ramsés III 32, 160

Raymond Sokolov 84

Rebecca L. Spang 137

refeições 79, 88, 308

Reinhold Burger 315

restaurante 26, 42, 63, 64, 86, 87, 89, 90,
94, 95, 97, 109, 133, 135, 136, 137,
138, 214, 215, 221, 232, 233, 240,
266, 267, 276, 280, 294, 295

Reza Pahlevi, xá 250

Ricardo, duque de Gloucester 69

Ricardo Berkiensztat 39

Richard Wagner 289

Richelieu, cardeal 26, 312

Richelieu, marechal 67, 219

risotto alla milanese 104, 157

Robert Falkenburg 136

Robert Woodruff 59

Roberto Carlos 282

Robespierre 133

Rodolphe Lindt 279

Rodrigo Leitão 119

Roque González de Santa Cruz, 180

romã 108, 179

Romeu e Julieta 284

Romy Schneider 284

Ronaldo Fenômeno 27

Roquefort 261, 266

Rothschild 42

Rôtisseur 301

rubacão 111

Ruggero II, o Normando 202

Rui Barbosa 134

Russe, à la, 300

S

Sacher Torte 285, 292

Sade, marquês de 280

Sagradas Escrituras 291

Saint-Honoré 292

saithe (bacalhau) 249

sal 23, 89, 94, 99, 101, 107, 113, 118,
125, 143, 144, 150, 185, 189, 192,
193, 215, 219, 220, 222, 227, 233,
240, 260, 285, 286

sal de Chipre 144

Índice remissivo

sal de flocos do rio Murray 144
sal de Ibiza 144
sal defumado 145
sal havaiano 145
sal Maldon 145
sal negro 145
sal rosa do Himalaia 145
sal rosa peruano 145
salada de guariroba 114
salada niçoise 267
salada olivier 267
salada waldorf 267
salada russa 267
salmão 41, 43, 45, 89, 102, 135, 248, 253
salsa-chinesa 161
Salvador Dalí 26
sálvia 168
San Pellegrino 53
sanduíche 96, 151, 240, 242, 245
Santa Ceia 38
São Bento 136
São Francisco Xavier 177
sapota-amarela 175
sarapatel 112
saucier 302
Savarin 292
scone 245
Séguier, chanceller 312
self-service 139
selvagem (arroz) 126
Sem (irmão de Cam) 66
sevruga 250
Shen Nung, imperador 78

side car 65
Sidmouth, lorde 68
Silvio Lancelotti 185, 232
siri 254
Sobrino de Botín 138
solón 176
Sophia Loren 151
sorbet 293
soubise 105, 152
sous-chef 301, 302
spaghetti 203, 204
Stanislas Leszcsynski (Stanislau I) 273, 285
Stephanie Tatin 295
Sthorer, pâtissier 273
Strangers foods 85
stroganov 105
strogonoff 105
sugo, al 214
sundae 294, 295
supermercados 139, 179
sushi 106
suspiro 287
suzette (doces) 281

T

T.A. "Tad" Dorgan 241
tabasco 222
tacacá 190, 223
taça de champanhe 316
tailandês (arroz) 127
Talleyrand-Périgord, príncipe 214, 259

tamarindo 162, 179, 223
tambaqui assado na brasa 111
tapas 107
taperebá 174
tartar steak 107
tarte tatin 295
Teágenes de Tasos, o lutador 306
tempura 108
tender 44, 108
Teodora, princesa 313
Tereza Cristina, imperatriz 25
testículos 39, 120, 121, 172
The cookbook by Oscar of the Waldorf 268
The fortress stilt fisherman indulgence 108
The Oxford companion to food 100
The sultan's golden cake 109
Theodore Roosevelt 27, 89
Thierry Costelet 105
Thomas Jefferson 203
Thomas Wenburg 90
tiramisù 295, 296
tiziano 42
Tom Cruise 52
Tom Jobim 288
tomate 94, 98, 102, 112, 166, 187, 190, 191, 192, 217, 218, 220, 221, 240, 266
tomilho 168, 169
Toni, pai de Adalgiza 244
toque blanche 309
torrone 296
tortellini 18, 204
Toulouse-Lautrec 51

tournant 109, 302
tournedos rossini 109
tracajá 110
Tradizionale (aceto balsâmico) 320, 321, 322
Trajano, imperador 237
Trimálquio 40
tripa grossa 115
trufa 109, 192, 193, 233, 294
tucupi 111, 223
Turrons, confeiteiro 296
tutu à mineira 115
tutu de feijão 115

Ughetto (filho de Giacometto degli Atellani) 243, 244
Ugolino Scarpa 202
uísque 63, 71
umani 309
Umberto I 57, 102
urucum 98, 112, 115, 145, 146, 279
uva 69, 85, 143, 174, 180
uva-da-amazônia 174

V

vaca atolada 115, 190
vacas 95, 121, 227
Vaccarinus, monge 296
vacherin 297
Valerius de Flandres 104

Van Gogh 51
Vasco da Gama 156, 162, 177
vatapá 35, 113, 134
vedas 121
Vênus, deusa 18, 192, 204
Vercingetórix 89
vermute 44, 61, 64, 66
Vernon Chapman 77
Viagem gastronômica através do Brasil 91
vialone nano (arroz) 127
Vichyssoise 110
Victor Hugo 133
Victória (rainha) 274
Victorien Sardou 97
Villa-Lobos 134
vinagre 12, 94, 114, 143, 164, 168, 193, 215, 218, 219, 220, 222, 223, 226, 267, 288, 322
vinho 35, 38, 40, 41, 47, 51, 54, 58, 64, 65, 66, 67, 68, 69, 75, 90, 107, 135, 137, 143, 157, 161, 162, 165, 180, 188, 202, 204, 214, 215, 217, 221, 288, 304, 306, 307, 308
Vinho & guerra 67
vinho do Porto 68, 276, 291
vinho Malvasia da Madeira 69
vinho verde 69
Vinicius de Moraes 288
Virgem Maria 208
Vishnu, deus 166
Vitória, rainha 177
Vittore Carpaccio 89
Vittorio Emanuele II 57

Vladimir de Kiev, grão-príncipe 69
vodca 56, 69, 70
Voltaire 133
voss 53

waffle 297
Walter Anderson 95
Walter Raleigh 186
Wellington, duque de 259
welsh rarebit 110
Why we eat what we eat 84
William IV 79
William Shakespeare 69
Windsor, duque de 27
Winston Churchil 26, 59, 64, 250
Wladimir de Toledo Pisa 239
Wolfgang Amadeus Mozart 97
Worcestershire 223

X

Xaver Loibner 284

Zafferano 104
zarbo (bacalhau) 249
Zeus, deus 32, 168
zimbro 63, 169

A Editora Senac Rio de Janeiro publica livros nas áreas de
Administração e Negócios, Beleza e Estética, Ciências Humanas,
Comunicação e Artes, Desenvolvimento Social, Design, Educação,
Turismo e Hotelaria, Gastronomia e Enologia, Informática, Meio
Ambiente, Moda e Saúde.

Visite o site www.rj.senac.br/editora, escolha os títulos
de sua preferência e boa leitura.

Fique atento aos nossos próximos lançamentos!

À venda nas melhores livrarias do país.

Editora Senac Rio de Janeiro
Tel.: (21) 2545-4819 (Comercial)
comercial.editora@rj.senac.br

Disque-Senac: (21) 4002-2002

Este livro foi composto nas tipografias Bembo e Narziss,
por Mariana Nahoum/Cria Caso Publicações Customizadas, e
impresso pela Walprint Gráfica e Editora Ltda., em papel *couché* 120g/m^2,
para a Editora Senac Rio de Janeiro, em setembro de 2013.